Neumanns Ratschläge Biotope im Garten

NEUMANNS
RATSCHLÄGE

BIOTOPE IM GARTEN

Ulrich Klausnitzer

mit 198 Zeichnungen von Martha-Luise Gubig
und 21 Farbfotos

Neumann
Verlag
Radebeul

Bildquellen

Frank Hecker, Kiel, S. 35 beide, 36 links unten, 53 alle, 89, 90
Gerhard Höfer, Hamburg, S. 36 rechts unten, 54, 71, 107
Hans Reinhard, Heiligkreuzsteinach, S. 17, 18, 36 oben, 72, 108, 125, 126, 143, 144 sowie die Einbandfotos

Die Deutsche Bibliothek – CIP-Einheitsaufnahme

Biotope im Garten / Ulrich Klausnitzer / Mit Zeichn. von Martha-Luise Gubig. – Radebeul: Neumann, 1994
(Neumanns Ratschläge)
ISBN 3-7402-0152-5
NE: Klausnitzer, Ulrich; Gubig, Martha-Luise

Maxim-Gorki-Straße 18, 01445 Radebeul
Printed in Germany
Lektorat: Carola Fischer
Einbandgestaltung: Tinka Schlotterer, München
Gestaltung: Heide Siegemund
Satz und Reproduktionen: Typostudio SchumacherGebler Dresden
Druck und Verarbeitung: INTERDRUCK Leipzig GmbH

Inhalt

Wildrosensträucher bieten Nistmöglichkeiten für Singvögel

Lebensfreundliche Gartenstrukturen

Jeder Garten wächst langsam und erreicht erst nach einigen Jahren das Aussehen, die Gestalt und den Inhalt, welchen er erreichen soll. Die Anlage von Naturgärten erfordert eine besondere Planung, einen nicht überdurchschnittlichen Aufwand an körperlicher Arbeit sowie eine Menge Phantasie. Es kommt darauf an, die vorhandene Fläche sinnvoll zu gestalten und gut einzuteilen. Bei der Aufteilung des Geländes muß man den Bedürfnissen nach einem partiellen Nutz- und Wohngarten Rechnung tragen. Der Nutzgartenbereich läßt sich mit etwas Geschick leicht mit dem naturnahen Gartenbereich verbinden. Wenn es die Gartengröße erlaubt, finden neben dem Kompost auch Reisig- und Steinhaufen einen Platz.
Oft ist es schwierig, die Wünsche den tatsächlichen Möglichkeiten anzupassen und vielleicht manchmal lieber auf das eine oder andere zu verzichten. Außerdem ist es am besten, auf solche Pflanzen zurückzugreifen, die mit den bestehenden Standortverhältnissen besonders gut zurecht kommen. Das heißt, daß einheimische Pflanzen Vorteile besitzen, weil sie an die Standortbedingungen am besten angepaßt sind. Nicht heimische Pflanzen bedeuten meist auch einen höheren Pflegeaufwand, damit sie trotz untypischer Bedingungen gedeihen.
Pflanzen prägen einen Garten und sind die Grundlage für die Ausbildung eines ökologischen Gleichgewichts. Ob die naturnahe Gestaltung des Gartens gelungen ist, merkt man nicht nur daran, daß sich die Pflanzen gut entwickeln, sondern auch an der wachsenden Zahl Tierarten, die sich in den neu entstandenen Lebensräumen ansiedeln. Naturgärten können zwar kein Ersatz für Naturlebensräume sein, ihnen kommt aber eine hohe Bedeutung für den Artenschutz zu.

Lebensfreundliche Gartenstrukturen

Naturgarten als Lebensraum

Naturgärtner legen mehr Wert auf naturnahe Gestaltung als auf hohe Erträge

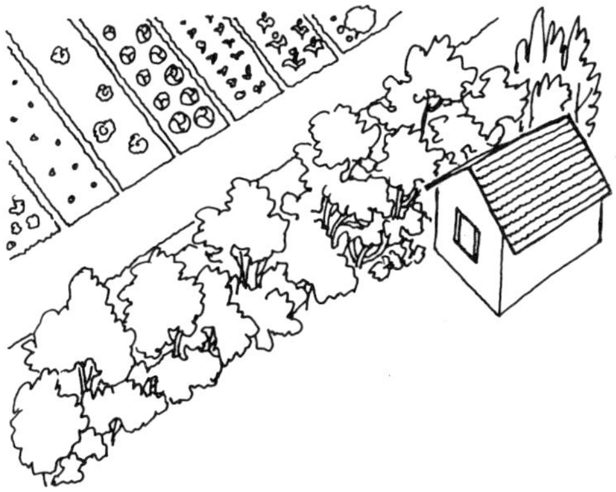

Eine Hecke ist ideal als Grundstücks-begrenzung

Naturnah gestaltete Gärten erwecken häufig den Eindruck einer gewissen Verwilderung, die aber keineswegs eine solche ist. Natur ist nicht regelmäßig, und jeder, der einen Naturgarten anlegen will und Biotope im Garten aufbauen oder erhalten möchte, wird sich auch mit seinem Nachbarn, vielleicht sogar mit Familienmitgliedern, die anders denken, auseinandersetzen müssen. Darüber sollte von vornherein Klarheit herrschen. Schönheit und Vielfalt eines Naturgartens werden allmählich auch die Skeptiker überzeugen.

Viele Tier- und Pflanzenarten sind in der Natur gefährdet, sie können deshalb in Gärten Zuflucht finden

Es gibt noch weitere Argumente für einen naturnah angelegten Garten. Viele Pflanzen- und Tierarten sind in ihrer Existenz zunehmend gefährdet. Auch in den Siedlungen und den Gärten sind typische Pflanzen (z. B. Guter Heinrich *Chenopodium bonus-henricus*) stark im Rückgang. Eine Ursache dafür ist die zunehmende Versiegelung von Flächen, z. B. durch Pflaster, Betonsteine, Asphalt. So werden Wege und Hofflächen bis an die Häuser und Gartenmauern heran pflanzenfrei gehalten – den Pflanzen wird somit die Einwanderung in die Gärten erschwert. Naturnah gestaltete Gärten können heute wichtige Refugien zur Erhaltung von Wildpflanzen und Wildtierarten sein.

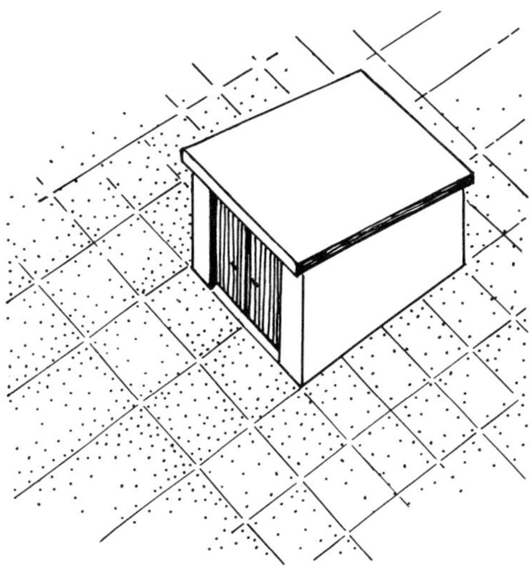

Vor der Garage muß nicht die gesamte Stellfläche versiegelt sein

Spektakuläre Arterhaltungsprogramme sind nicht durchführbar, aber jeder kleine Beitrag hilft, ein bißchen Natur zu erhalten

Natürlich kann man in einem Privatgarten keine spektakulären Arterhaltungsprogramme durchführen, aber man kann dazu beitragen, manch' kleine und unauffällige Pflanzenart und manches Kleintier zu erhalten bzw. ihm eine Lebensstätte zu geben – Arten, die sonst aus unserer einheimischen Natur nach und nach verschwinden würden. Für Pflanzen und Tiere sind Siedlungsgebiete wie Gärten, Wohnsiedlungen und Bauernhöfe als Refugiallebensräume von großer Bedeutung. Dies wird schon allein daran deutlich, daß in Siedlungsräumen zwei- bis dreimal so viele Pflanzen- und Tierarten leben können wie in der Agrarlandschaft und noch immer doppelt so viele Arten wie in Forsten. Das liegt vor allem an der Vielfältigkeit der Offenlandstandorte, aber auch am abwechslungsreichen Temperatur-, Nährstoff- und Wasserangebot.

Biotopverbund und Biotopvernetzung

Als Biotopverbund wird der räumliche Zusammenhang von Biotopen bezeichnet, die Biotopvernetzung beschreibt funktionelle Zusammenhänge. Man kann verschiedene Biotope über Verbindungslebensräume direkt miteinander verbinden. Ein Feuchtgebiet kann z. B. durch einen Bach mit einem anderen Feuchtgebiet verbunden werden. Eine andere Möglichkeit ist die indirekte Vernetzung. Sie bedeutet, daß die Lebensräume einander angenähert werden, ohne daß sie einen direkten räumlichen Kontakt haben. Dieser so-

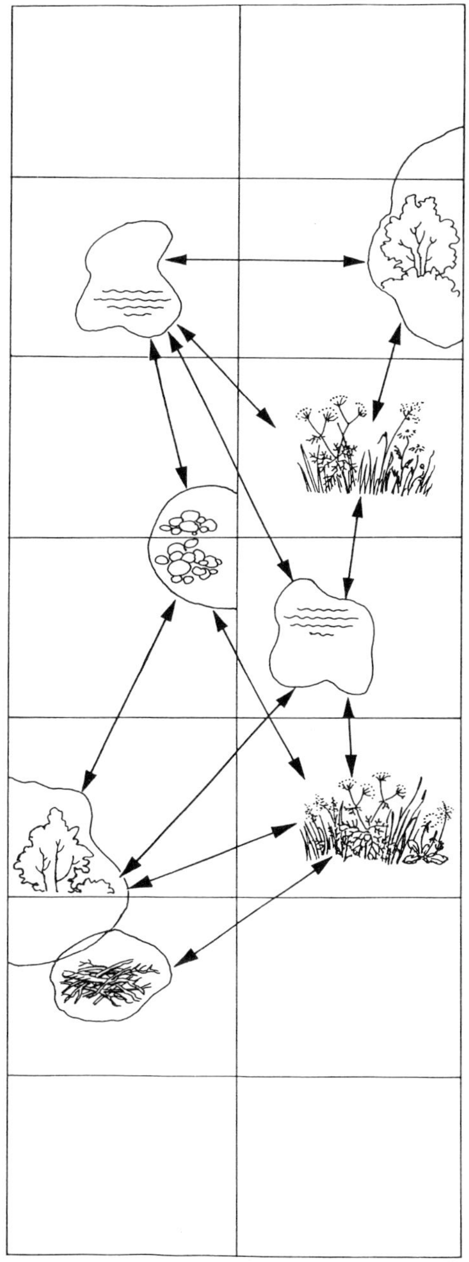

Kleingartenanlage als Biotopmosaik mit Wechselwirkungen

In verschiedenen Gärten angelegte Biotope unterschiedlichen Types stehen miteinander in Wechselbeziehung

Für vielfältiges Gartenleben sind Verbindungen zwischen einzelnen Lebensräumen wichtig

Lebensfreundliche Gartenstrukturen

Reine Nutzgärten bieten häufig keine Verbindung zwischen Biotopen

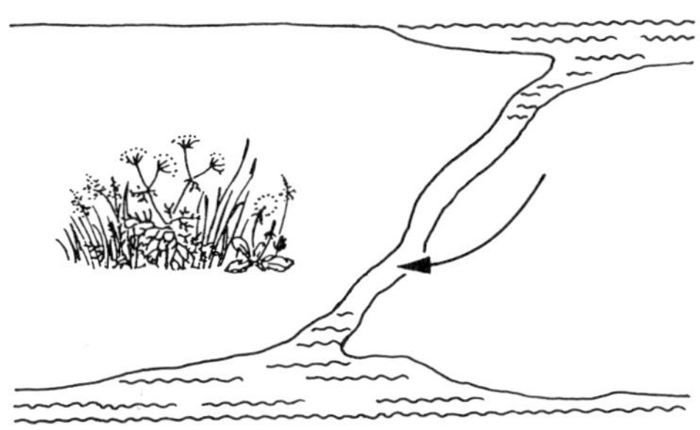

Biotopverbund ist die direkte Verbindung gleichartiger Biotope

An die Umgebung angepaßte Gartenbiotope verringern die Entfernung zwischen ansonsten zu weit voneinander entfernten Biotopen

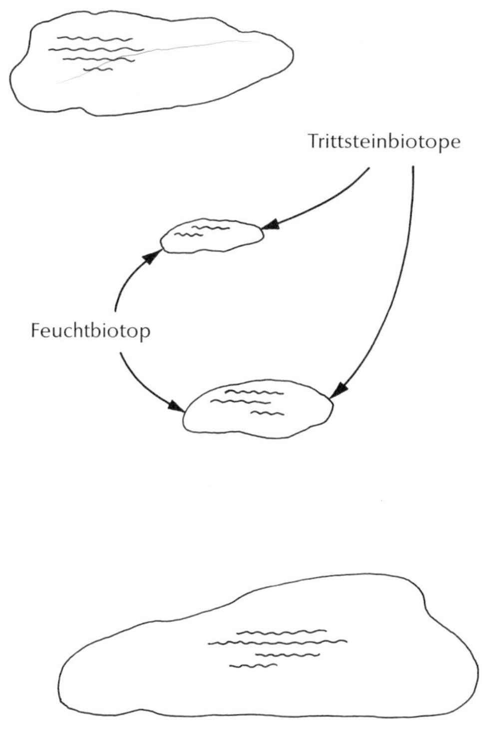

Biotopvernetzung ist die indirekte Verbindung von Biotopen gleichen Types durch sogenannte Trittsteinbiotope

genannte »Trittsteineffekt« erlaubt mobilen Arten, den nun verkleinerten Zwischenraum zwischen verschiedenen Biotopen zu überwinden. Trittsteinbiotope dienen z.B. als Raststationen für Tiere bei der Überwindung des Abstandes zwischen zwei Biotopen. »Trittsteine« haben aber keine ausreichende Lebensraumqualität, um eine dauerhafte Ansiedlung zu gewährleisten.

Da sich Gartenanlagen oft im Siedlungsrandbereich befinden, können sie als Barriere zwischen bestehenden Biotopen in der Umgebung wirken. Durch eine entsprechende Anlage ähnlicher Biotope im Garten kann diese Barriere aber wieder geöffnet werden. Eine zwischen zwei Feuchtgebieten liegende Gartenanlage verbindet diese beispielsweise dann wieder, wenn in den Gärten entsprechende kleinere feuchte Lebensräume angelegt werden, die als Trittsteinbiotope für Amphibien dienen können.

Nachfolgend werden die theoretischen Grundlagen des Biotopverbundes kurz charakterisiert. Der Ursprung der Idee liegt in der sogenannten »Inseltheorie«. Sie wurde in den 60er Jahren von den Fachleuten McArthur und Wilson entwickelt und von vielen anderen Wissenschaftlern weitergeführt. Folgende vier Feststellungen sind besonders wichtig (Jedicke, 1993):

1. Es besteht ein Zusammenhang zwischen Artenzahl und Inselfläche. Das heißt, je größer eine Insel ist, um so mehr Arten kann sie beherbergen.

Biotopverbund und Biotopvernetzung

2. Es existiert ein Zusammenhang zwischen der Artenzahl und dem Isolationsgrad der Insel. Der Artenreichtum ist also nicht nur von der Größe der Insel, sondern auch davon abhängig, wie weit sie von dem Gebiet entfernt ist, von welchem die Besiedlung ausging.
3. Kleine Inseln können als sogenannte Trittsteine eine Besiedlung weit entfernter großer Inseln ermöglichen, wenn sie als Rast- oder Vermehrungsplätze für sich ausbreitende Tiere oder Pflanzen dienen können. Eine solche Insel muß nicht alle Funktionen für die Pflanzen- und Tierarten erfüllen, zeitweilige Lebensmöglichkeiten genügen.
4. Es besteht ein Gleichgewicht zwischen der Zahl einwandernder und aussterbender Arten.

Diese hier »Inseln« genannten Lebensräume können auch isolierte Biotope innerhalb einer andersartigen Umgebung sein, zum Beispiel eine Hecke oder eine blumenreiche Gartenwiese inmitten eines großen, intensiv genutzten, artenarmen Kurzrasens. Intensiv genutzte Beete, Gartenwege und Garageneinfahrten wirken als Barrieren für manche Tiere. Die Isolationswirkung kann schon dadurch zustande kommen, daß dort ein anderes Licht-, Temperatur- und Feuchteregime herrscht, als es diejenigen Tier- und Pflanzenarten vertragen, die in den angrenzenden Inseln (Hecke, Steinhaufen, blumenreiche Gartenwiese,

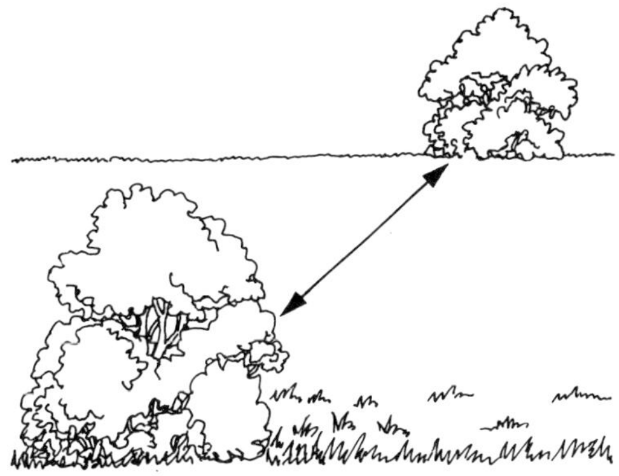

Isolation wegen zu großer Entfernung

»Inseln« sind isolierte, sogenannte Trittsteinhabitate, z. B. Rastplätze für Zugvögel

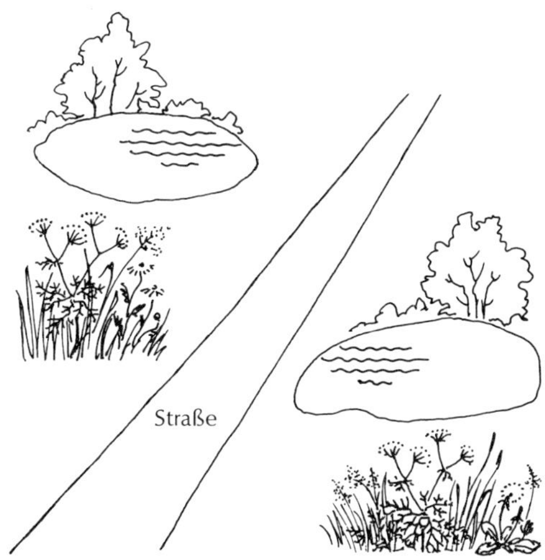

Isolation durch Barrierewirkung

Intensiv genutzte Flächen oder Bodenversiegelungen reduzieren die Artenvielfalt und wirken ebenfalls als Isolationsbarrieren

Lebensfreundliche Gartenstrukturen

Minimalareal = Mindestfläche für ein Individuum, eine Population, ein Ökosystem

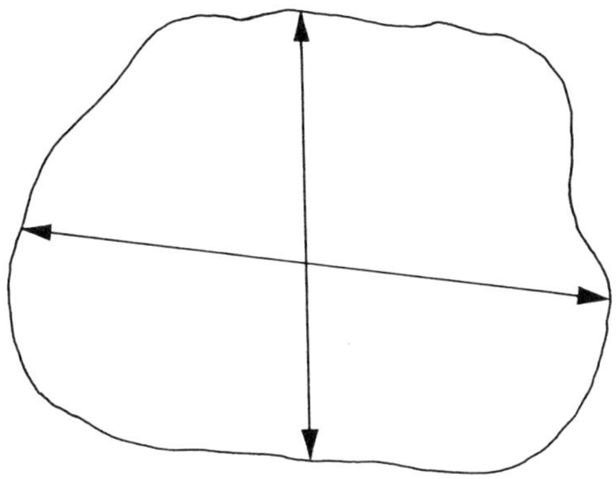

Minimalareal

Maximaldistanz = maximale Entfernung zwischen zwei Biotopen, die von Tieren und Pflanzen noch überbrückt werden kann

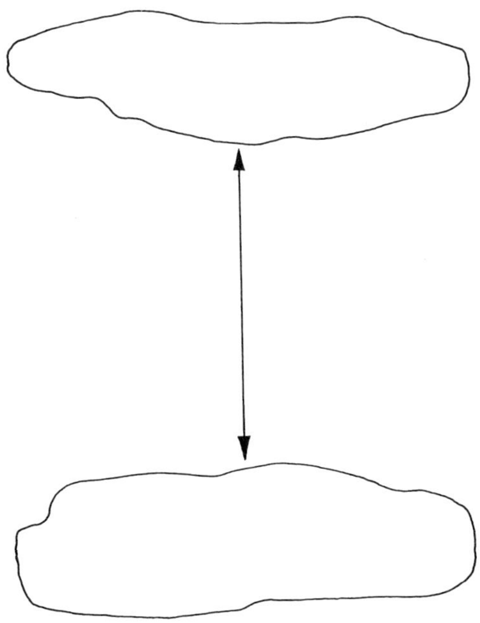

Maximaldistanz

Feuchtbiotop, Holzhaufen) leben. Das bedeutet also, daß nicht alle Tiere beliebig von einem Biotop zum anderen gelangen können, sondern daß der Mensch, in diesem Falle der Gartennutzer, nachhelfen muß.

Um Hilfe zu gewähren, muß man wissen, welche Tiere im eigenen Garten überhaupt vorkommen. Das ist wichtig, weil verschiedene Tierarten verschiedene Mindestflächen (»Minimalareal«) zum Leben benötigen und unterschiedlich große Entfernungen (»Maximaldistanz«) zwischen einzelnen Biotopen zurücklegen können. Das Minimalareal ist diejenige Mindestfläche, auf welcher ein einzelnes Individuum, eine Population, ein Ökosystem oder ein Ökosystemkomplex funktionsfähig bleibt und ohne menschliche Hilfe überleben kann. Unter Maximaldistanz versteht man diejenige Entfernung zwischen zwei Flächen gleichen oder ähnlichen Typs, ab der kein Kontakt mehr aufrecht erhalten werden kann, d. h. keine Tiere zwischen der einen und der anderen Fläche hin und her wandern können.
Wenn man im Garten Biotope anlegt, muß man die Minimalareale bedenken. Es würde den Rahmen dieser Ausführungen sprengen, wenn hier für die einzelnen im Garten potentiell vorkommenden Pflanzen- und Tierarten ausführliche Angaben zum Minimalareal gegeben würden. Deshalb folgen nur einige Beispiele für die Größenordnungen. In der Natur

sind die sogenannten Minimalareale von Pflanzenpopulationen meist mehrere Hektar groß.
Manche Kleinvögel leben laut verschiedener Literaturquellen in Minimalarealen mit Größen von 20 bis 100 ha, Großvögel in etwa 8000 bis 10 000 ha großen Gebieten. Aus diesen Größen kann man ersehen, daß ein Gartenbiotop niemals ein kompletter, sondern nur ein Teil des Lebensraumes für eine größere Art sein kann. Es gibt aber trotzdem viele kleinere Arten, die in einem Gefüge unterschiedlicher Gartenbiotope ausreichende Bedingungen für eine dauerhafte Ansiedlung finden werden.

Pflanzen benötigen zum Leben viel geringere Areale als Tiere. Außerdem können sie meist größere Maximaldistanzen überwinden. Es ist daher zulässig, sich bei den Angaben über Minimalareale und Maximaldistanzen im folgenden nur auf Tiere zu beschränken.

Bei vielen Säugetieren hängt die Größe des benötigten Territoriums vom Nahrungsangebot ab. So braucht das Mauswiesel in mausarmen Jahren ein viel größeres Areal als in mausreicheren Jahren.
Vielen Kleinvogelarten reicht ein Lebensraum von ca. 1 ha, wenn Nahrung und Brutgelegenheit als begrenzende Faktoren in ausreichendem Angebot vorliegen, so daß Gartenanlagen regelmäßig einen charakteristischen Brutvogelbestand aufweisen.

Charaktervögel von Gärten

Deutscher Name	Wissenschaftlicher Name
Grünfink	*Carduelis chloris*
Amsel	*Turdus merula*
Star	*Sturnus vulgaris*
Kohlmeise	*Parus major*
Buchfink	*Fringilla coelebs*
Blaumeise	*Parus caeruleus*
Singdrossel	*Turdus philomelos*
Gartengrasmücke	*Sylvia borin*
Zaungrasmücke	*Sylvia curruca*
Gartenrotschwanz	*Phoenicurus phoenicurus*
Heckenbraunelle	*Prunella modularis*

Bei einigen Kleinvogelarten benötigt ein Brutpaar nur etwa 1 ha Fläche

Ein einzelner Garten ist immer nur ein Teillebensraum, während größere Gartenanlagen durchaus Gesamtlebensraum für eine Art sein können

Lebensfreundliche Gartenstrukturen

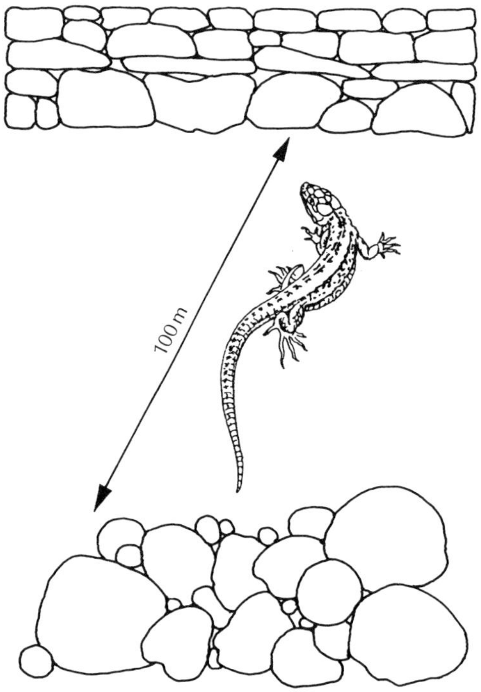

Damit Eidechsen ihren Aufenthaltsort wechseln können, dürfen keine Barrieren aufgerichtet werden

Bei Tieren mit einem relativ kleinen Aktionsradius, wie viele Amphibien, Reptilien, Insekten (Libellen, Schmetterlinge, Heuschrecken, Käfer) und bei Weichtieren (Schnecken) wird der benötigte Lebensraum entsprechend kleiner sein.

Eidechsen (*Lacertidae*) benötigen zum Aufbau einer etwa 100 Tiere starken Population ungefähr 1 ha gut geeigneter Habitate. Sie können sich über Entfernungen von etwa 100 m von einem Biotop zum anderen austauschen.

Krötentunnel oder Krötenzäune dienen als Schutz für die Tiere, wenn z. B. eine Straße den Wanderweg kreuzt

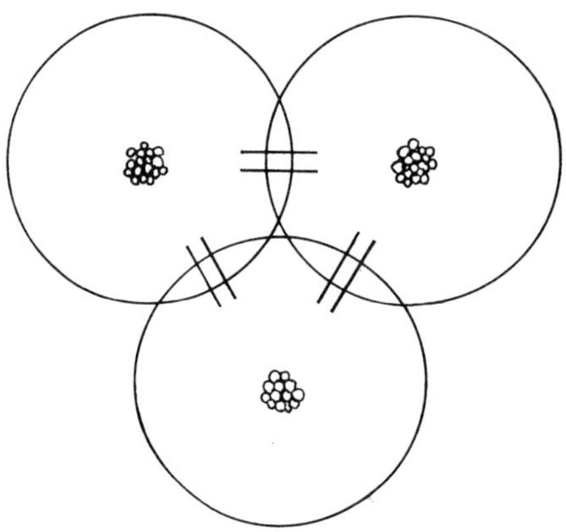

Die räumliche Beziehung der Laichgewässer untereinander ist nötig

Entscheidend für das Leben von heimischen Amphibien im Naturgarten ist das Zusammenwirken von Sommerlebensraum und Laichhabitat, da sie ein für jede Art charakteristisches, mehr oder weniger ausgeprägtes periodisches Wanderverhalten besitzen. So ist z. B. die Erdkröte (*Bufo bufo*) zeitlebens auf das Gewässer fixiert, aus dem sie nach Vollendung ihrer Entwicklung ans Land stieg. Sie benötigt zum Ablaichen stabile Stillgewässer. Die Population eines größeren Gebietes konzentriert sich zur Fortpflanzungszeit in den vorhandenen, oftmals wenigen Laichgewässern. Es wäre günstig, wenn in mehreren Gärten Laichgewässer existieren, weil damit Ausfälle durch schlechte Wasserqualität oder Trockenfallen leichter ausgeglichen werden können. Sommerlebensraum von Erdkröten ist vor allem der Wald. Der Aktionsradius einzelner Tiere kann bis zu 3 km groß sein. Die Sommerlebensräume und die Laichgewässer dürfen nicht durch unüberwindbare Barrieren, wie z. B. Mauern oder Straßen voneinander getrennt sein, da sonst die Wanderbewegungen unterbunden werden oder viele Tiere umkommen. Die heimischen Molcharten (*Triturus* spec.) bevorzugen zum Laichen wärmere Stillgewässer. Ihr Aktionsradius um diese Gewässer herum liegt bei etwa 400 m. Bevorzugte Sommerhabitate sind feuchte Laubwälder.

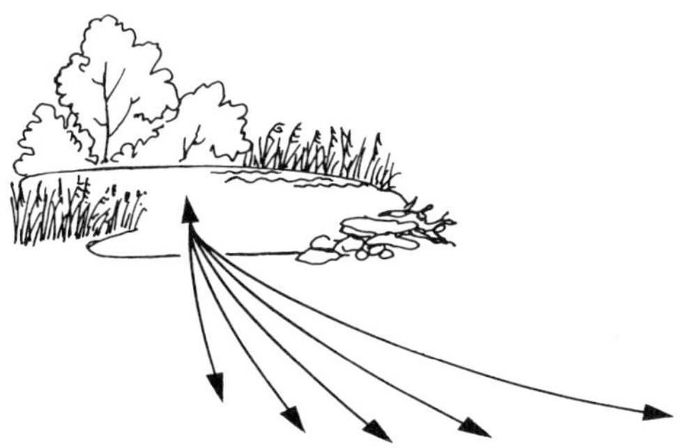

Aktionsradius von Tierarten

Aktionsradius = maximale Entfernung, die Tiere bei ihren täglichen Bewegungen zurücklegen können

Bei den Libellen (*Odonata*) reicht mitunter für den Erhalt einer Population ein einzelnes Gewässer aus. Entscheidend sind die Gewässerstruktur, die Qualität des Wassers und die Beschaffenheit des Ufers. Die Größe ist nicht ganz so wichtig, doch sollte ungefähr eine Wasserfläche von 100 m^2 vorhanden sein, damit die Larven verschiedener Arten gegenseitig nicht allzusehr konkurrieren. Es müssen jedoch in dem Gewässer ausreichende Lebensmöglichkeiten für die Larven gegeben sein. Je nach Flugfähigkeit suchen die einzelnen Libellenarten weitere Gewässer in 1 bis 2, max. 4 km Entfernung auf.

Viele Tagfalter sind ausgesprochene Wanderer (z. B. Kleiner Fuchs *Aglais urticae*, Tagpfauenauge *Inachis io*) und suchen ihre zur Vermehrung notwendigen Habitate, z. B. Brennesselhorste, um sich dort fortpflanzen zu können. Eine Wildkräuterecke hilft, Schmetterlinge im Garten anzusiedeln.

Bei Käfern (*Coleoptera*) sind vor allen Dingen Qualitätsmerkmale eines Biotopes wichtig. Die Ausdehnung ent-

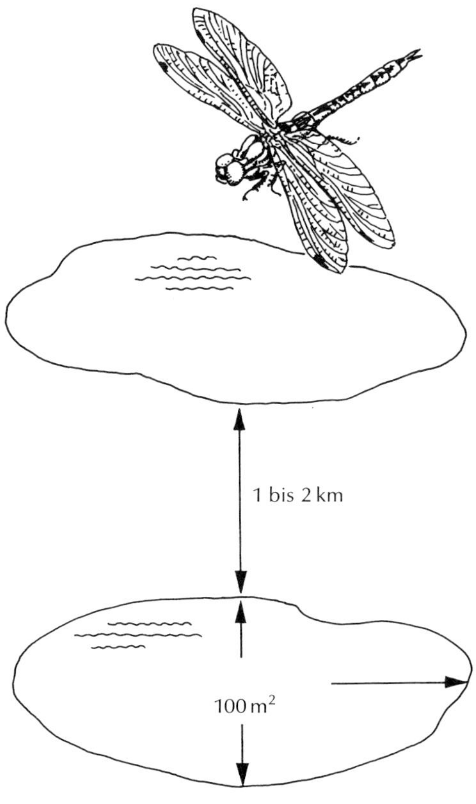

Einige Libellen und Tagfalter sind sehr anpassungsfähig

Bevorzugte »Schmetterlingswildkräuter« sind für die Raupen u. a.:
- **Brennesseln**
- **Disteln**
- **Kreuzblütler**

Laufkäfer sind »mobile« Insekten

Spinnen lassen sich mit dem Wind driften

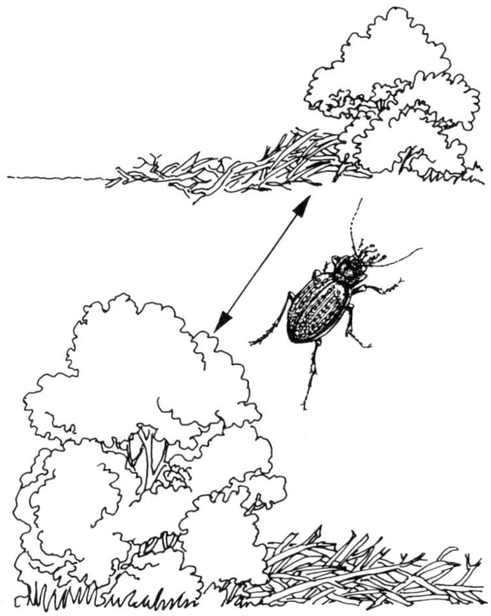

»Mobile« Arten wie dieser Laufkäfer können größere Abstände überwinden

Besonders ortstreu sind Schnecken

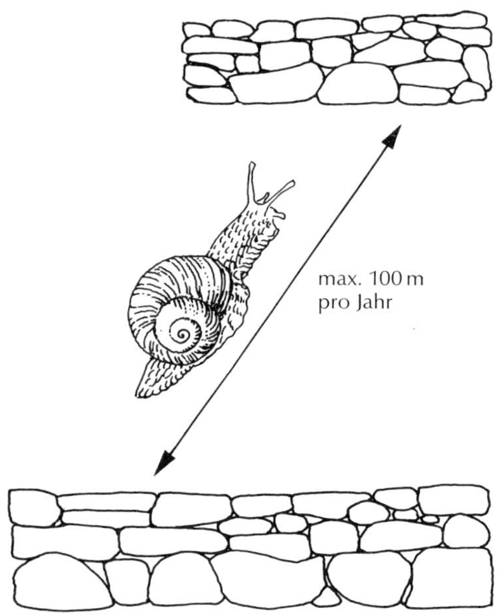

▷ Eine freiwachsende Hecke ist Lebensraum und Begrenzung zugleich

scheidet nicht so sehr über eine erfolgreiche Besiedlung. So brauchen z. B. Arten, die im Totholz leben, erst die entsprechende Holzqualität, bevor sie sich überhaupt ansiedeln können. Die Maximaldistanz, die zur Besiedlung geeigneter Biotope oder Habitate überwunden werden kann, hängt von der Mobilität der Käfer ab. Flugfähige Arten können mit Hilfe des Windes Entfernungen von 20 km und mehr überwinden, viele holzbewohnende Arten verfügen aber nur über ein sehr geringes Ausbreitungsvermögen.

Viele Spinnenarten werden durch Windverdriftung verbreitet, so daß eine Definition von Minimalarealen oder Maximaldistanzen nicht sinnvoll erscheint. Für Spinnen ist es wichtig, daß z. B. durch verschiedene Gräser, Kräuter, Gehölze eine geeignete Lebensraumstruktur und ein reiches Nahrungsangebot vorhanden sind.
Schnecken sind sehr ortstreu. So beträgt der Aktionsradius einer Weinbergschnecke max. 100 m im Jahr. Bei sehr kleinen Schneckenarten ist der Lebensraumbereich sogar nur wenige Quadratmeter groß. Aus diesen Gründen wird eine Besiedlung mit Schnekken sehr lange dauern.

Artenreichtum im Garten

Untersuchungen im Siedlungsbereich zeigen, daß verschiedene dort vorkommende Lebensräume wie Gärten,

Parks, Brachflächen u. a. eine zwar unterschiedliche, aber meist hohe Artenzahl aufweisen. Die Ursache für diesen Reichtum dürfte in der Überlappung von wenigstens drei Faktorenkomplexen liegen.

1. Die Pflanzenwelt ist durch die Vielfalt der Standortbedingungen in den Siedlungen sehr reichhaltig – die wohl wichtigste Ursache für die Artenvielfalt verschiedener Tiergruppen.
2. Die vorhandene Vegetation ist durch einen hohen Anteil an mehrjährigen Krautpflanzen sowie eine für städtische Verhältnisse oft beachtenswert stark entwickelte Humusschicht sowie dem Boden aufliegende Steine und Holz relativ strukturreich.
3. Insbesondere das hohe und ausgeglichene Temperaturangebot wirkt sich für viele Pflanzenarten, die oftmals ursprünglich im Mittelmeergebiet verbreitet waren, sehr günstig aus. Besonders wesentlich für ihre Existenz sind neben der Ernährung milde, niederschlagsreiche Winter und warme, trockene, sonnige Sommer.

Wild wachsende Pflanzen werden im Garten herkömmlich als »Unkräuter« bezeichnet. Diese Pflanzen sind zwischen Kulturpflanzen unerwünscht, denn sie stellen Konkurrenten hinsichtlich Nährstoffen, Wasser, Licht und Wurzelraum dar. Weil das Wort »Unkraut« die Pflanzen sehr subjektiv

Durchschnittliche Zahlen pflanzenfressender Insektenarten an verschiedenen Pflanzentypen
(nach KLAUSNITZER, B.; KLAUSNITZER, U., 1993)

Pflanzentyp	Artenzahl
Einjährige Sommerpflanzen	1 – 3
Einjährig überwinternde Pflanzen	2 – 4
Zweijährige Pflanzen	6 – 8
Mehrjährige Krautpflanzen	6 – 12
Ausdauernde Krautpflanzen	20 – 80
Holzgewächse	40 – 460

Feld-Stiefmütterchen (*Viola arvensis*)

Ursachen für eine hohe Artenzahl in Gärten:
- **vielfältige Pflanzenwelt fördert Insekten**
- **Insekten und Pflanzensamen dienen als Nahrung für Singvögel**
- **intakter Boden beherbergt viele Bodenlebewesen**
- **gesunder Boden fördert das Pflanzenwachstum**

Viele Gartenpflanzen stammen aus dem Mittelmeerraum

◁ Im Garten anfallender Baum- und Heckenschnitt wird zum Reisighaufen aufgeschichtet.
In diesem waldnahen Garten fanden Lärchenzweige Verwendung

Besonders häufig kommen folgende Wildpflanzen vor:
- **Gemeiner Löwenzahn (*Taraxacum officinale*)**
- **Hohlzahn-Arten (*Galeopsis* spec.)**
- **Süßgräser (*Poaceae*)**
- **Gemeiner Erdrauch (*Fumaria officinalis*)**
- **Efeu-Ehrenpreis (*Veronica hederifolia*)**

Europäischer Sauerklee (*Oxalis fontana*)

Einwanderung von Wildkräutern nach Mitteleuropa

in schlechte und gute einteilt, wird im folgenden der wertungsfreie Begriff »Wildkraut« verwendet. In jedem Garten werden immer wieder Wildpflanzen keimen und wachsen, blühen und fruchten. Es gibt viele Stellen, an denen diese Pflanzen auch geduldet werden können. Sie sind eine große Bereicherung im Garten. Wenn man sie aus der Nähe betrachtet, sind Blüten von Wildkräutern oft viel schöner als die der Zierpflanzen. Außerdem nutzen viele Tiere Wildpflanzen als Nahrung.

Die Flora in Siedlungsgebieten besteht im allgemeinen fast zur Hälfte aus Arten, die von fernen Ländern in unser Gebiet gebracht wurden oder gekommen sind. Der Anteil an Wildpflanzen ist in Nutzgärten naturgemäß noch viel niedriger als im Durchschnitt der Siedlungsgebiete, und es gibt viele Gärten, in denen überhaupt keine Wildpflanzen gedeihen, weil sie als Unkraut vernichtet werden.

Ein Teil der heutigen Wildkräuter stammt ursprünglich nicht aus unseren Breitengraden, sondern wurde mit den Kulturpflanzen aus dem Mittelmeergebiet, Südosteuropa, Vorderasien, Amerika und Asien eingeschleppt und bereits vor Jahrhunderten ein Bestandteil der heimischen Natur. Alle Wildkräuter müssen einerseits um ihrer selbst willen erhalten werden, andererseits sind sie wegen ihrer Schönheit und Vielfalt an Farben und Formen aus ästhetischen Gründen wertvoll. An den

meisten Arten leben zahlreiche pflanzenfressende und blütenbesuchende Insektenarten, von denen sich wiederum andere Tiere ernähren. Einige Wildkräuter können auch der menschlichen Ernährung dienen und als Salate oder Tees verwendet werden, dann sind bestimmte Erntezeiten zu beachten. Die meisten Wildkrautarten sind einjährig und benötigen zu ihrer Entwicklung jährlich einen bearbeiteten bzw. gelockerten Boden. Um sie zu erhalten oder zu fördern, ist eine Bewirtschaftung von Beeten nötig.
Einige Wildkräuter sind mittlerweile als Kulturpflanzen in den Garten zurückgekehrt und werden bewußt angebaut. Dazu gehören z. B. Gemeiner Löwenzahn (*Taraxacum officinale*) und Echte Kamille (*Chamomilla recutita*).
Sicher wird man keinen Garten so anlegen wollen oder können, daß sein Bewuchs nur aus Wildpflanzen besteht. Es kommt auf eine gute Mischung zwischen Kultur- und Wildpflanzen an.
In herkömmlichen Gärten spielen einheimische Wildpflanzen meist eine geringe Rolle, je nach Zeitaufwand und Anschauungsweise des Garteninhabers wird er sie immer wieder zurückdrängen oder dulden.

In einem Naturgarten hingegen werden Pflanzen, die sich ohne Zutun des Gärtners ausbreiten, nicht ausgerottet. Man ist vielmehr tolerant gegenüber einigen Brennesseln (*Urtica*), ohne einer Invasion von Efeu-Ehrenpreis (*Veronica hederifolia*) tatenlos zuzusehen.

Verwendung von Wildkräutern als Salate und Tees (Beispiele)

Pflanzenart	Salat	Tee
Echte Kamille (*Chamomilla recutita*)		x
Feld-Stiefmütterchen (*Viola arvensis*)		x
Gemeiner Erdrauch (*Fumaria officinalis*)		x
Gemeiner Löwenzahn (*Taraxacum officinale*)	x	x
Gemeines Hirtentäschel (*Capsella bursa-pastoris*)	x	
Große Brennessel (*Urtica dioica*)	x	x
Hederich (*Raphanus raphanistrum*)	x	
Kletten-Labkraut (*Galium aparine*)	x	
Spitz-Wegerich (*Plantago lanceolata*)	x	x
Vogel-Knöterich (*Polygonum aviculare*)		x
Vogelmiere (*Stellaria media*)	x	
Weißer Gänsefuß (*Chenopodium album*)	x	

Aus Wildkräutern lassen sich viele verschiedene Jauchen, Brühen u. a. zur biologischen Schädlingsabwehr und zur Stärkung der Pflanzen herstellen

Eine Brennesselecke bleibt im naturnahen Garten auf jeden Fall stehen

Lebensfreundliche Gartenstrukturen

Im Unterschied zu Kultur- und Wildpflanzen machen sich Wild- und Haustiere nicht gegenseitig Konkurrenz

Doldengewächse bieten Nahrung und Rendezvousplätze für Blütenbesucher

Kreuzspinne (*Araneus* spec.) in der Mitte ihres Radnetzes

In der natürlichen Umgebung bestehen die besten Überlebenschancen für Pflanzen und Tiere

Garten als Biotop zahlreicher Tierarten

Bei den Tieren ist die Situation grundsätzlich anders, weil nur wenige Arten als Haustiere in Siedlungen gehalten werden. Eine direkte Konkurrenz der Wildtiere zu den Haustieren besteht in der Regel nicht. Die uns umgebende Fauna besteht größtenteils aus Elementen der einheimischen Natur, obgleich auch hier im Laufe der Zeit einige Arten eingewandert sind.

Die am häufigsten zu beobachtenden Gartenbewohner gehören zu den Insekten, von denen viele Arten an die durch den Menschen geschaffenen Bedingungen angepaßt sind. Außerdem sind manche sehr mobil und können sich schnell in einem neuen Lebensraum einfinden.
Die Vogelwelt ist auf den Reichtum an Insekten zu ihrer Ernährung und besonders zur Aufzucht der Jungvögel angewiesen. Man muß sich im klaren sein, daß die meisten Tier- und Pflanzenarten der Gärten keine Seltenheiten sind. Geschützte, gefährdete und seltene Arten sind oft streng spezialisiert, weil sie an bestimmte Nahrungspflanzen bzw. Standorte gebunden sind. Deshalb haben sie hauptsächlich in der freien Natur dauerhafte Überlebenschancen.

Die Nahrungsbeziehungen, in denen die Tiere des Gartens untereinander stehen, sind sehr vielfältig. Man kann gewöhnlich nicht von einfachen Nahrungsketten sprechen, in denen ein Lebewesen ein anderes zur Ernährung braucht und selbst wiederum vom nächsten benötigt wird, sondern muß die einzelnen Nahrungsketten als ein vielfach verknüpftes Netz auffassen. Beispielsweise ist ein Frosch nicht allein von den Fliegen abhängig, sondern er kann sich auch von Spinnen oder Grashüpfern ernähren. Die verschiedenen Pflanzen und Tiere, welche in einem Nahrungsnetz eine Rolle spielen, benötigen z. T. unterschiedliche Biotope zu ihrer Entwicklung. Manche Lebensräume eines Gartens dienen als Unterschlupf für Tiere. Man kann unschwer erkennen, daß es sinnlos ist, in einem »steril« gepflegten Garten zur Beruhigung des Gewissens oder weil es gerade im Trend liegt, einen einzelnen Biotop neu anzulegen. Dieser gewinnt erst dann an Wert, wenn er in einer Wechselbeziehung mit mindestens einem anderen Lebensraum stehen kann. Es ist notwendig abzuschätzen, welche Tiere sich ansiedeln werden und welche Entfernungen sie bis zu ihrer Nahrungsquelle, Fortpflanzungsstätte oder ihrem Überwinterungsquartier zurücklegen können.

Man sollte sich ferner im klaren darüber sein, daß es oft schwierig ist, bestimmte Tiere in den Garten zu locken. Entsprechende Anstrengungen müssen nicht immer zum Erfolg führen. Es ist keinesfalls ratsam, Tiere einzusammeln und im Garten auszusetzen,

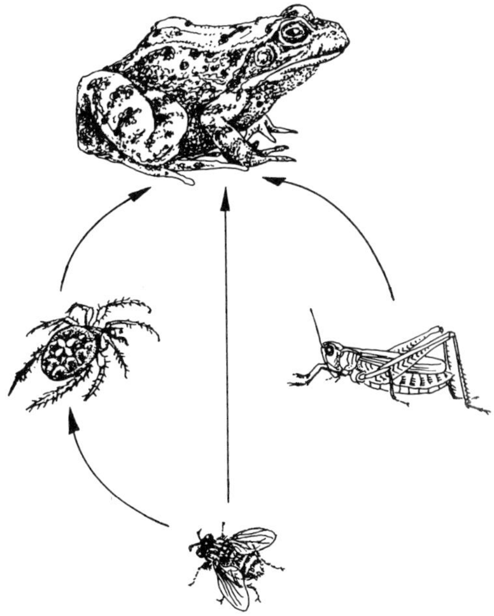

Nahrungsketten sind miteinander verbunden

Das Anlegen von Biotopen ist nur sinnvoll, wenn sie mit anderen in Verbindung stehen können

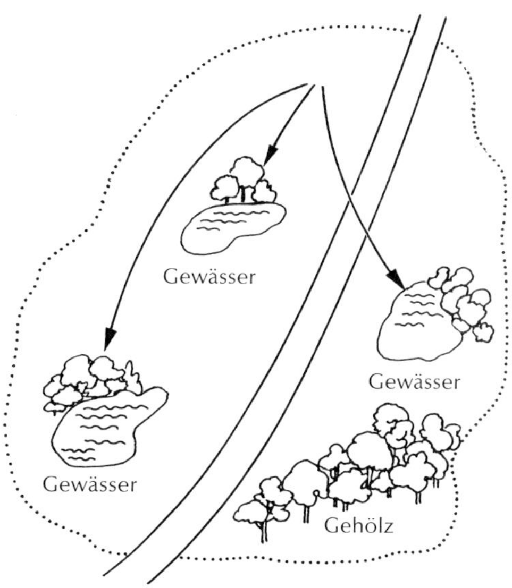

Biotope dürfen nicht durch Straßen o. ä. voneinander getrennt werden

Besonders wichtig ist die Vermeidung von Fahrbahnüberquerungen z. B. bei Kröten (*Bufo*) und Igeln (*Erinaceus*)

Mehr dazu im Kapitel »Vorschläge zur Gartengestaltung« → S. 127

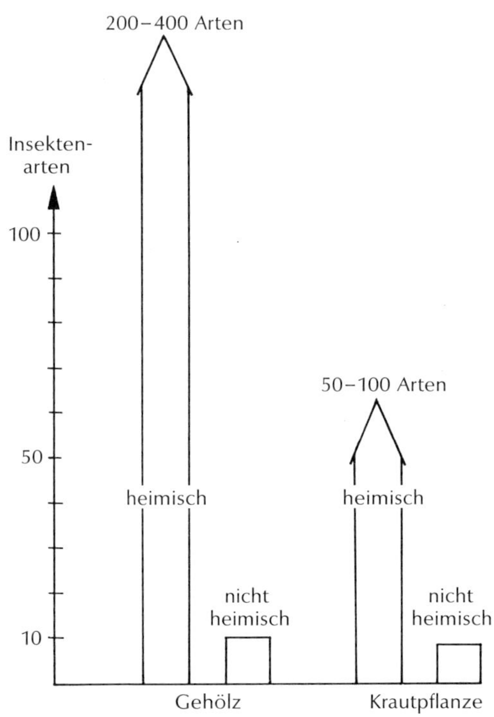

denn viele Tiere sind geschützt und dürfen ohnehin nicht gefangen werden, und meistens wandern sie wieder ab, wenn der Lebensraum ihren Ansprüchen nicht gerecht wird.
Bei der Anlage von Biotopen muß man ebenfalls bedenken, daß alle Tiere einen gewissen Bewegungsraum benötigen. Es ist nicht sinnvoll, einen neuen Lebensraum zu schaffen, wenn die Tiere anschließend regelmäßig auf der nahen Straße überfahren werden.
Der Gedanke einer Vernetzung von einzelnen Biotopen im Sinne eines Biotopverbundes ist auch in Gärten erfüllbar. Je nach Größe der Fläche können in jedem Garten die Biotope miteinander verbunden werden. Wenn der eigene Garten zu klein ist, um eine entsprechende Anzahl bzw. Ausstattung mit Biotopen erreichen zu können, ist es sinnvoll, sich mit gleichgesinnten Gartennachbarn zu verständigen und die Biotope über mehrere Gärten zu verteilen, die mehr oder weniger unmittelbar aneinandergrenzen.

Für Wildtiere sind einheimische Pflanzen eine unbedingte Voraussetzung für ihre Ansiedlung und ein Leben im Garten. Viele Kulturpflanzen sind hingegen für einheimische Tiere uninteressant, wenn man von den sogenannten Schädlingen absieht. Sie erzeugen keinen Pollen oder Nektar, ihre Früchte und Samen sind als Nahrung ungeeignet. Man sollte bedenken, daß mit der Vielfalt der Wildpflanzenarten auch die Vielfalt der freilebenden Tiere beeinflußt wird. An einer einzigen einheimischen Baumart können 200 bis 400 Insektenarten leben, an einem nichtheimischen Gehölz höchstens 10, eine einzige einheimische Krautpflanzenart kann 50 bis 100 Insektenarten als Nahrung dienen, nichtheimische Krautpflanzen versorgen weniger als 10 Arten mit Nahrung. So kann man den Insektenreichtum bereits durch die Bepflanzung gewollt oder ungewollt regulieren. Er ist die Ernährungsbasis für insektenfressende Vögel und andere im Garten gern gesehene Tiere. Selbstverständlich ist bei den Insekten nicht an eine Förderung von Gartenschädlingen gedacht. In Naturgärten können sehr viele Arten leben, sofern sie nicht gerade an einen speziellen Biotop, z. B. Wald, größere Gewässer, Moor gebunden sind. Etwa ein Zehntel der heimischen Käferarten, ein Viertel der Bienen- und Wespenarten (Stechimmen) sowie zahlreiche Schmetterlings- und Spinnenarten können in entsprechend gestalteten Gärten leben. Die meisten von ihnen sind auf ein ständig zur Verfügung stehendes Angebot an Blüten angewiesen, das durch eine hohe Anzahl von verschiedenen Wildkräutern gewährleistet werden kann.

Schmetterlinge

Mit Ausnahme weniger Arten sind fast alle Tagfalter von einem allgemeinen Rückgang betroffen. Die Ursachen dafür sind vielfältig und liegen vor allem im Fehlen der für die Raupen geeigne-

Singvögel ernähren ihre Brut von Insekten, z. B. die Amsel (*Turdus merula*)

Je mehr einheimische Pflanzen ein Garten bietet, desto mehr verschiedene Insektenarten und nachfolgend insektenfressende Tiere finden eine Nahrungsgrundlage

Die Bedeutung ausgewählter Krautpflanzen als Nahrungsgrundlage für Schmetterlinge und deren Raupen
(nach KLAUSNITZER, B.; KLAUSNITZER, U., 1993)

Pflanzen	Anzahl abhängiger Arten
Acker-Kratzdistel (*Cirsium arvense*)	8 – 10
Ampfer-Arten (*Rumex* spec.)	41
Ausdauerndes Gänseblümchen (*Bellis perennis*)	3
Beifuß-Arten (*Artemisia* spec.)	35
Echte Brombeeren (*Rubus fruticosus* agg.)	35
Gemeine Quecke (*Elytrigia repens*)	13
Gemeiner Löwenzahn (*Taraxacum officinale*)	41
Große Brennessel (*Urtica dioica*)	25 – 30
Kreuzkraut-Arten (*Senecio* spec.)	11
Labkraut-Arten (*Galium* spec.)	42
Wegerich (*Plantago* spec.)	48
Weiße Taubnessel (*Lamium album*)	16
Wilde Möhre (*Daucus carota*)	7

Blumenreiche Gartenwiesen und blühende Gehölze sind die besten Voraussetzungen für eine große Insektenvielfalt

Wichtige Nährpflanzen für Falter:
- **Kletten-Arten (*Arctium* spec.)**
- **Distel-Arten (*Carduus* spec.)**
- **Kratzdistel-Arten (*Cirsium* spec.)**
- **Gemeine Wegwarte (*Cichorium intybus*)**
- **Gemeiner Natterkopf (*Echium vulgare*)**
- **Weidenröschen-Arten (*Epilobium* spec.)**
- **Steinklee-Arten (*Melilotus* spec.)**

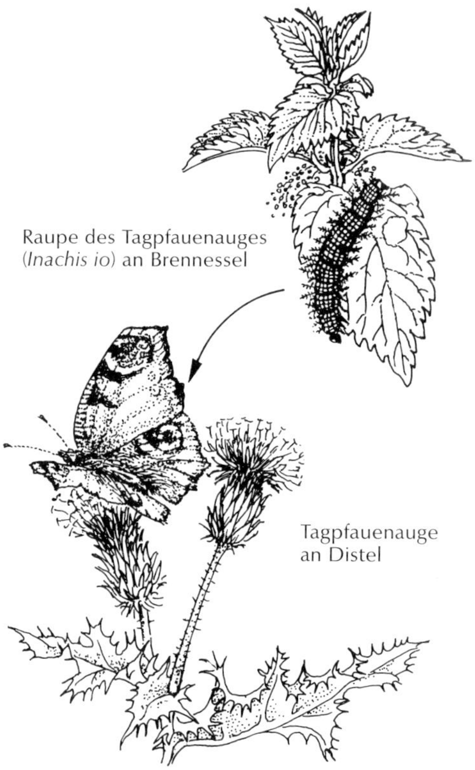

Wirtspflanzenwechsel

ten Nährpflanzen (vielfach aus Kraut- und Staudenfluren) und im qualitativ und quantitativ zu geringen Blütenangebot für die Falter. Arten, deren Larven an Brennesseln und Kreuzblütlern leben, sind in Siedlungsgebieten vielfach bevorteilt, weil die Wirtspflanzen dort weit verbreitet sind. Allein an der Großen Brennessel (*Urtica dioica*) können die Raupen von Landkärtchen, Weißem C, Kleinem Fuchs, Tagpfauenauge, Admiral und weiteren Arten leben. Wegericharten (*Plantago* spec.) und Gemeiner Löwenzahn (*Taraxacum officinale*) sind Nahrungsquellen für die Larven von über 40 Schmetterlingsarten. Einen ökologischen Vorteil haben solche Schmetterlingsarten, die als Falter keinen Nektar aufnehmen müssen, z. B. die Zahnspinner (*Notodontidae*), viele Eulenfalter (*Noctuidae*) und einige Spanner (*Geometridae*). Mit einer wohlüberlegten Gestaltung von Gärten läßt sich die Vielfalt der Schmetterlingsfauna begünstigen.

Geeignete Schmetterlingspflanzen
→ Tabelle S. 25, 155

Hautflügler

Wildbienen (*Apoidea*) und Grabwespen (*Sphecidae*) weisen in Gärten im allgemeinen einen überraschenden Artenreichtum auf. Voraussetzungen sind ein günstiges Blütenangebot, eine hohe Strukturvielfalt, die auch potentielle Nistplätze einschließt und das relativ reiche Angebot an verschiedenen Insekten und Spinnen als Nahrung für die Grabwespen. Für Wildbienen sind räumliche und zeitliche Zusammenhänge, wie eine möglichst geringe Ent-

Wildbienen benötigen Nahrung und Wohnung in geringem Abstand voneinander

fernung zwischen Nistplatz und Nahrungsquelle wichtig, denn kleine Arten unternehmen kaum weite Sammelflüge. Das im allgemeinen reichhaltige Blütenangebot in Gärten bietet den Wildbienen im Jahresablauf meist eine ausreichende Nahrungsgrundlage. Von großer Wichtigkeit ist z. B. der Gemeine Löwenzahn (*Taraxacum officinale*), auf dessen Blüten über 10 Arten beobachtet wurden. Grabwespenarten, die in Holz brüten und solche, die Blattläuse und Zweiflügler eintragen, sind ebenfalls in Gärten begünstigt.

Hummeln (*Bombus* spec.) sind wichtige Blütenbestäuber

Heuschrecken

In Siedlungsgebieten können Laubheuschrecken (*Tettigonia* spec.) und die Eichenschrecke (*Meconemathalassinum*) (Baum- und Strauchschicht), die Kurzflügelige Schwertschrecke (*Conocephalus dorsalis*) (Staudensäume) und auch die Gewöhnliche Strauchschrecke (*Pholidoptera grisesaptera*) (Gebüsch, Hochstauden) leben. Einige Arten der Feldheuschrecken, z. B. Nachtigall-Grashüpfer (*Chorthippus biguttulus*), Gemeiner Grashüpfer (*Chorthippus parallelus*), können auf Wiesen vorkommen. Der Grund für die meist geringe Individuenzahl ist die oft große Populationsdichte insektenfressender Vögel. Mitunter entwickeln sich jedoch auch individuenreiche Populationen einzelner Heuschreckenarten, sofern dichte, langhalmige Rasenstellen vorhanden sind. Oft gemähte, kurzrasige Flächen behindern im allgemeinen ihre Existenz.

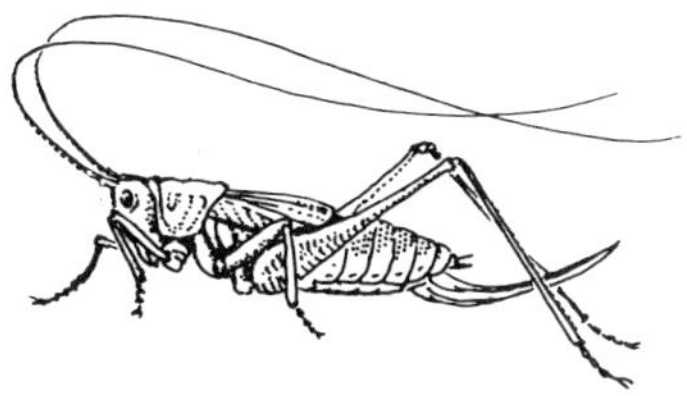

Kurzflügelige Schwertschrecke (*Conocephalus dorsalis*)

Selten gemähte Wiesen gehören zur Lebensgrundlage von Heuschrecken

Förderung von Tieren:
- **Nistmöglichkeiten für Singvögel (Gebüsch, Baumhöhlen)**
- **geeignete Biotope für Insekten erhalten oder anlegen**
- **Nisthilfen für Insekten**
- **Unterschlupfmöglichkeiten für Säugetiere**

Insektenförderung und Insektenschutz

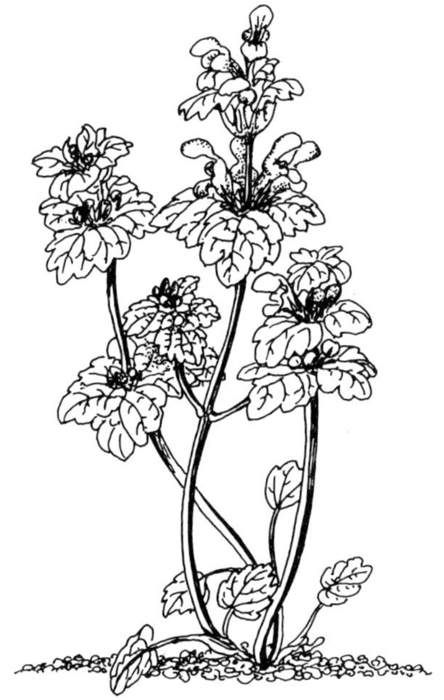

Stengelumfassende Taubnessel (*Lamium amplexicaule*)

Insektenförderung und -schutz

Verfolgt man den Gedanken eines Insektenschutzes im Garten, so wird man kaum einen gezielten Artenschutz betreiben können, sondern vielmehr über das Anlegen und Erhalten geeigneter Biotope und Strukturteile für eine möglichst große Mannigfaltigkeit mit einem hohen Anteil schützenswerter und gefährdeter Arten sorgen. Der große Artenreichtum der Insekten fordert geradezu heraus, den Gärten eine entsprechende Gestaltung bzw. Pflege angedeihen zu lassen. Wichtig ist immer ein gutes Angebot an Blüten mit Nektar und Pollen, vor allem von einheimischen Wildpflanzen, z. B. Taubnesseln (*Lamium*), Hohlzahn (*Galeopsis*), Klee (*Trifolium*) und Kratzdistel (*Cirsium*). Es darf während der Vegetationsperiode keine »Nektarlücke« entstehen.

Auch im Boden findet man Tiere, die eine naturnahe Nutzung des Gartens und ein ökologisches Gleichgewicht anzeigen.

Zu den Bodenbewohnern gehören z. B.:
- **Regenwürmer (*Lumbricus terrestris* u. a. Arten)**
- **Doppelfüßer (*Diplopoda*)**
- **Asseln (*Isopoda*)**
- **Springschwänze (*Collembola*)**

Regenwürmer

Regenwürmer sind die besten Baumeister für fruchtbare Böden. Lange Zeit wurden sie verfolgt, getötet oder den Hühnern vorgeworfen, weil sie angeblich die Wurzeln anfressen. Das stimmt aber nicht. Die Regenwürmer stopfen unermüdlich organische Substanz und Erde in sich hinein und scheiden fruchtbaren Humus aus. In ihrem Darmkanal werden die toten organischen Bestandteile zusammen mit minerali-

Regenwürmer verbinden Erde und tote organische Substanz zu wertvollen Ton-Humus-Komplexen

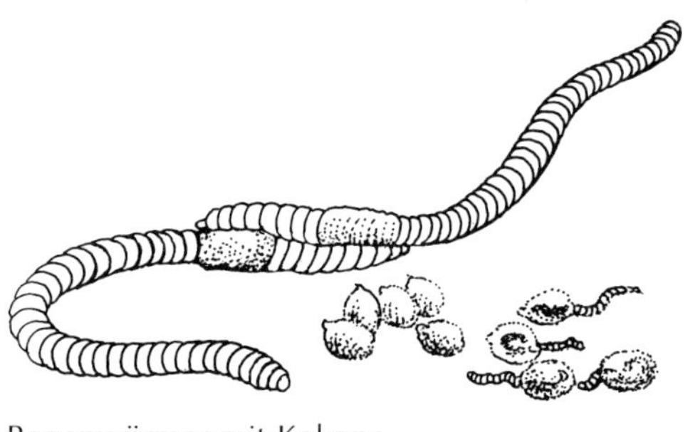

Regenwürmer mit Kokons, die die Eier umhüllen

schen Bodenbestandteilen zu dauerhaften Ton-Humus-Komplexen verbunden. Regenwürmer benötigen zur Herstellung von fruchtbarem Humus viel abgestorbenes Pflanzenmaterial, z. B. Laub, Gartenabfälle oder Ernterückstände. Im Garten geht es ihnen dann am besten, wenn möglichst selten die Erde komplett umgewendet, d. h. umgegraben wird. Verzicht auf chemische Pflanzenschutzmittel, Mineraldünger und Umgraben verbessert die Lebensbedingungen für Regenwürmer entscheidend.

Durch den Verzehr des Fallaubes in Obstgärten tragen Regenwürmer auch zur biologischen Schädlingsbekämpfung bei. Die Pilzsporen des Apfelschorfes überwintern z. B. auf den am Boden liegenden Blättern. Wenn aber die infizierten Blätter während des Winters verzehrt werden, ist eine Neuinfektion der Bäume im Frühjahr kaum noch möglich. Nicht zu unterschätzen ist auch die Rolle der Regenwürmer bei der Verwertung von Küchenabfällen auf dem Komposthaufen. Durch ihr Graben, das Absetzen von Kothäufchen und das Fressen von Erde, belüften sie den Boden und erhöhen die Wasserhaltefähigkeit. Einige Arten graben ihre Gänge bis zu 3 m tief in den Boden und kehren das Unterste zuoberst.

Durch die Regenwürmer werden die im Untergrund befindlichen feinen Mineralteilchen in die obere Bodenschicht bzw. zu den Wurzeln der Pflan-

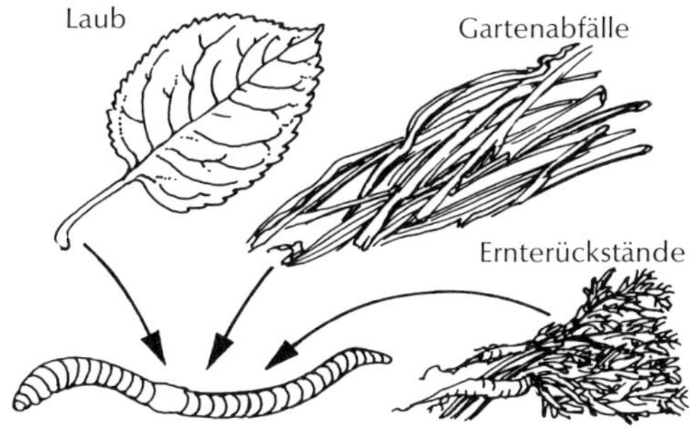

Nahrung für Regenwürmer

Grundregel für den Naturgärtner: Nicht die Pflanzen sollen gedüngt werden, sondern das Bodenleben muß ernährt werden

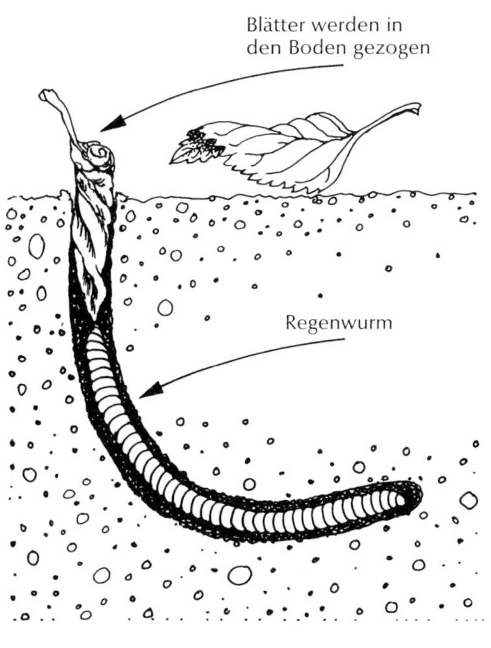

Kothaufen der Regenwürmer sind Humus

Spezialisierte, kleine Bodenorganismen, die vom Kot der Regenwürmer leben, sorgen ebenfalls für gesunden Boden

Regenwurmfreundliche Bedingungen sind gemulchte Beete und kein tiefes Umgraben

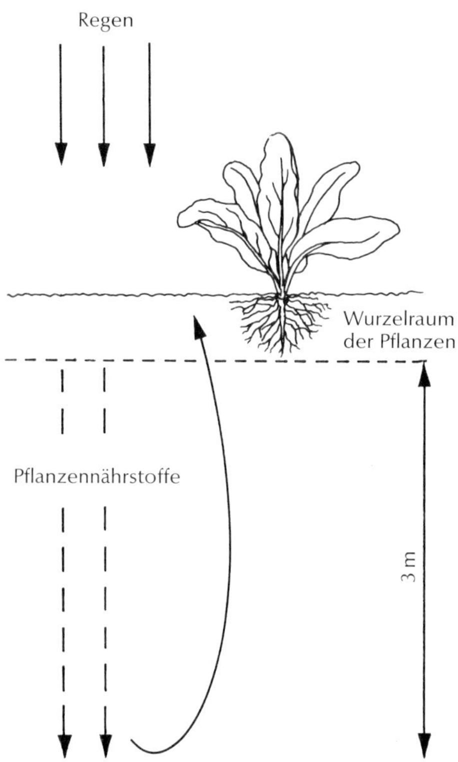

Regenwürmer bringen Pflanzennährstoffe wieder in den Wurzelraum der Pflanzen

Wer guten Gartenboden haben möchte, füttert am besten »seine« Regenwürmer mit abgestorbenem organischem Material

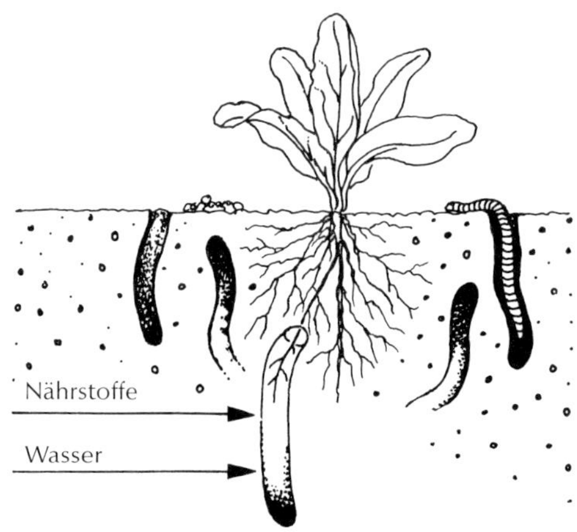

Regenwurmgänge fördern das Pflanzenwachstum

zen gebracht. Das sind neben den wichtigen Pflanzennährstoffen auch viele Spurenelemente, die sonst im Oberboden kaum existieren. Pflanzenwurzeln wachsen gern in die Hohlräume des Bodens hinein. Das Wurzelwachstum wird also ebenfalls durch die Regenwürmer gefördert. Außerdem sind die Gänge mit den nährstoffreichen Ausscheidungen der Regenwürmer ausgekleidet, so daß die Pflanzen optimal versorgt werden.

Durch zu intensive Bodenbearbeitung werden die Regenwürmer in ihrem Lebensrhythmus immer wieder gestört und wandern aus bzw. können sich nicht ausreichend fortpflanzen. Infolgedessen wird der Regenwurmbesatz im Beet zu gering, und die Ertragsfähigkeit der Böden kann zurückgehen.
Eine mögliche Konsequenz für den Gärtner könnte deshalb sein, daß er düngt. Besser wäre es aber, den Regenwürmern wieder gute Lebensbedingungen zu schaffen. Dazu erhält der Boden eine ausreichend hohe Mulchschicht aus organischem Material und wird möglichst nicht regelmäßig mit dem Spaten umgegraben. Um die mit der Zeit entstehenden natürlichen Bodenschichten nicht ständig auf den Kopf zu stellen, lockert man den Boden höchstens mit einer Grabegabel, ohne ihn umzuwenden. Der so gelockerte Boden nimmt wieder leichter Regenwasser auf und ist für ein gutes Pflanzenwachstum vorbereitet. Aus diesem gelockerten Boden lassen sich

auch unerwünschte Wildkräuter leicht entfernen.

Maulwürfe

Wo Maulwürfe (*Talpa europaea*) im Boden graben, ist die Bodenlebewelt noch in Ordnung. Jeder dieser Maulwurfshügel zeigt an, daß viele Regenwürmer, Insektenlarven, Tausendfüßler und andere Bodentiere emsig für gute Durchlüftung und Durchmischung sorgen. Wenn aber der Boden verdichtet oder mit Giftstoffen durchsetzt ist, können diese kleinen Tiere nicht mehr leben und die Maulwürfe finden keine Nahrung. Man kann also aus dem Vorhandensein von Maulwurfshaufen auf einen gesunden Boden rückschließen. Die Maulwürfe lokkern außerdem den Boden, da sie ihn beim Graben der Gänge mit ihren Grabschaufeln (Vorderfüße) umwenden. Im Gegensatz zu Schermäusen (*Arvicola*) und Wühlmäusen (*Microtus*) fressen sie niemals an Pflanzenwurzeln, denn ihre Beute sind nur die oben genannten wirbellosen Kleintiere. In einem Naturgarten ist es selbstverständlich, daß man Maulwurfshügel akzeptiert. Die Anwesenheit eines Maulwurfs ist auf jeden Fall mehr wert als ein makelloser Kurzrasen.

Maulwurfshaufen können eigentlich nur auf Beeten stören, aber damit muß der Naturgärtner leben. Die Gänge werden gern von Feldmäusen und Wühlmäusen benutzt, die dann an den Wurzeln des Gemüses fressen. Die Tiere weichen bei biologischer Be-

Entfernung von Wildkräutern (Gemeiner Löwenzahn) mit Sauzahn

Die Vorderfüße der Maulwürfe sind als Grabschaufeln ausgebildet

Im Herbst werden Maulwurfshaufen eingeebnet

Wer keine Maulwürfe im Garten haben will, kann sie »biologisch« vertreiben, z. B. durch petroleumgetränkte Lappen in den Gängen

kämpfung auf die angrenzende Wiese oder in die Blumenbeete aus. Dort richten sie weniger bzw. keinen Schaden an und können eher toleriert werden.

Pestizide oder biologischer Pflanzenschutz

Ein ausgeglichenes Verhältnis zwischen Nützlingen und Schädlingen ist besser als Pestizide

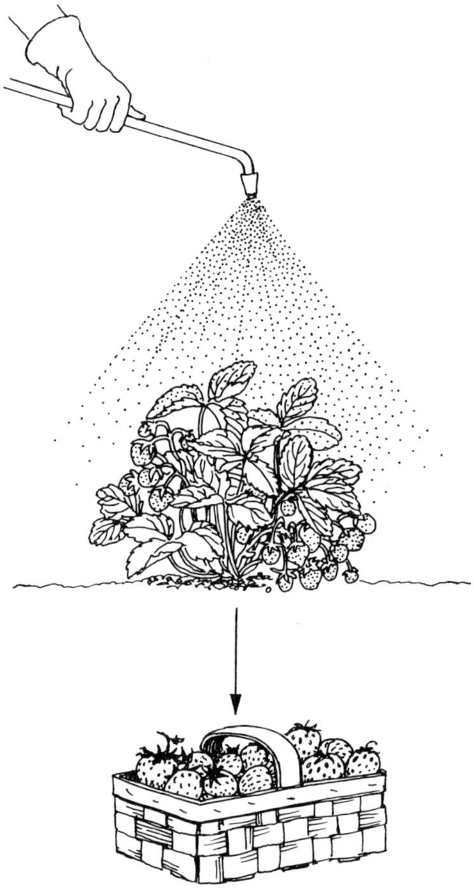

Pestizidrückstände werden über die Nahrung mit aufgenommen

Im Naturgarten werden generell keine Pestizide verwendet

Negativ wirkt sich auf einen naturnahen Garten in jedem Fall die Anwendung von Pestiziden aus. Herbizide vernichten einen Großteil der Flora und damit auch die Lebensgrundlage für erwünschte Wildtiere wie Schmetterlinge, Hummeln, Wildbienen oder Vögel. Direkt angegriffen werden die Tiere durch Insektizide. Am besten verzichtet man deshalb in einem Naturgarten grundsätzlich auf die Anwendung aller Arten von Bekämpfungsmitteln, zumal der Mensch sich selbst in seinem Freizeitrefugium nicht mit unerwünschter Chemie umgeben sollte, die er durch Berührung des Bodens, der Pflanzen oder auch durch das Essen der Gartenfrüchte aufnimmt. Ähnliches gilt für die mineralische Düngung. Es ist nicht notwendig, in Hausgärten oder Kleingärten zu düngen, denn es kommt nicht auf die Erzeugung riesiger Tomaten oder hoher Erträge an.

Wenn im Naturgarten Wildkräuter herausgerissen werden, weil sie die gewünschten Nutzpflanzen im Wachstum behindern, kann man die Pflanzen an Ort und Stelle liegen lassen. Damit die Pflanzen nicht wieder von den Regenwürmern in die Erde gezogen werden, jätet man bei trokkener Witterung oder schneidet die Wurzeln ab. Die Wurzeln von Ampfer, Löwenzahn u.a. sollten nicht liegenbleiben, sondern gehören entweder auf einen gesonderten, »unsauberen« Kompost oder in die Mitte der Kompostmiete, damit sie während des Rotteprozesses unschädlich gemacht werden.

Wenn die Wildpflanzen auf den Gemüse- und Kräuterbeeten überhandnehmen, schneidet man nach der Blüte die noch unreifen Samen ab. Einige dieser Pflanzen, wie Weißer Gänsefuß (*Chenopodium album*), Gemeiner Löwenzahn (*Taraxacum officinale*) oder Europäischer Sauerklee (*Oxalis fontana*), können sonst den angebauten Kulturpflanzen durch übermäßige Vermehrung den Wuchsraum streitig machen. Dem Massenauftreten von Wildkräutern läßt sich mit einer entsprechenden Garten- und Komposthygiene und einem gewissen Einsatz an Jätstunden ganz gut entgegenwirken. Auch einer Population von unerwünschten Insekten an Nutzpflanzen, z.B. Blattläuse, Kohlweißlingsraupen kann man durch Ablesen von Hand Einhalt gebieten.

Die Feinde der Blattläuse sind in Gärten und anderen Biotopen im Siedlungsbereich im allgemeinen recht gut entwickelt. Für uns besonders auffäl-

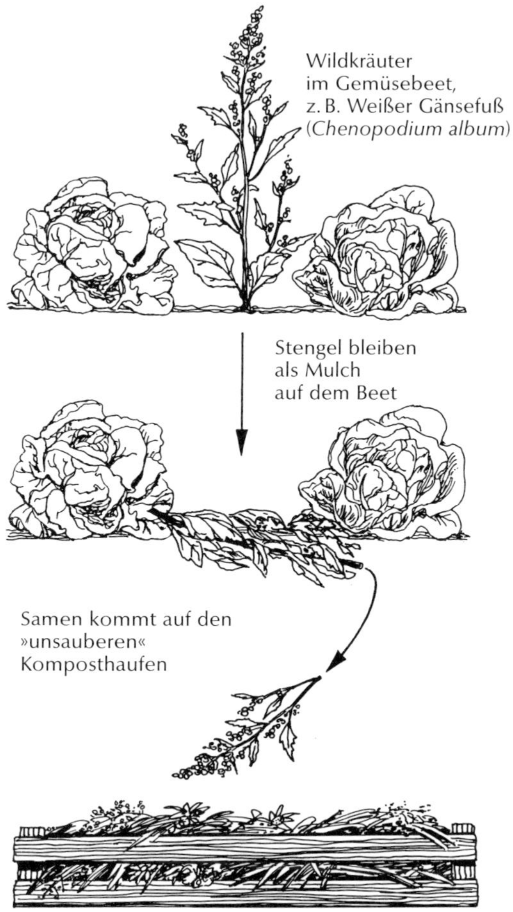

Kompost → Kapitel »Vorschläge zur Gartengestaltung« S.127

Wenn Wildkräuter bzw. »Schädlinge« nicht in Massen auftreten, sind Jäten bzw. Ablesen von Hand die wirksamsten Bekämpfungsmethoden

Lebensfreundliche Gartenstrukturen

In Gärten treten oft besonders viele Blattläuse auf, weil dort ein großes Nahrungsangebot existiert, und gezüchtete Gemüse- und Obstsorten oft nicht so widerstandsfähig sind

Wenn sich Blattläuse im Garten so stark vermehren, daß die natürlichen Feinde mit ihnen nicht fertig werden, schneidet man solche Befallsherde heraus

▷ Ein reiches Blütenangebot ist Nahrungsgrundlage für viele Insekten
oben: Gemeiner Löwenzahn
unten: Kleiner Fuchs (*Aglais urticae*)

Viele Marienkäfer (*Coccinellidae*) und deren Larven fressen Blattläuse

lige und allgemein bekannte Blattlausfeinde sind die Marienkäfer (*Coccinellidae*) und die Schwebfliegen (*Syrphidae*). Wieder zeigt sich der Vorteil des gleichzeitig und am gleichen Ort vorhandenen reichen Blütenangebotes, denn beide Gruppen, vor allem die Schwebfliegen, sind mehr oder weniger auf Blütennahrung angewiesen.
Ein ordentlich »geputzter« und von trockenen und verblühten Pflanzenteilen befreiter Garten erfreut bestimmt jeden Sauberkeitsfanatiker, ist aber in den seltensten Fällen für ein vielfältiges Gartenleben mit zahlreichen interessanten und nützlichen Wildpflanzen und Tieren günstig.

Gehölze

Blühende und fruchtende Gehölze sind ein wichtiger Bestandteil naturnaher Gärten. In den Gärten der Bauern, welche vorwiegend der Versorgung der Menschen mit Obst, Gemüse, Küchen- und Heilkräutern sowie Blumen dienten, durften sie sich im allgemeinen frei entfalten. So wurden z. B. die Blüten, Blätter, Früchte und die Rinde des Holunders, die Nüsse der Hasel und die Zweige der Weide für die Ernährung, als Naturmedizin oder als Rohstoff genutzt. Dornige Sträucher (Rose, Schlehe, Weißdorn) wurden oft als Abgrenzung für das Vieh verwendet. Die Gehölze der Bauerngärten entstammten der heimischen Natur und waren deshalb an die in der entsprechenden Region herrschenden Standortbedingungen besonders gut angepaßt. Im Zusammenhang mit der immer stärkeren Umgestaltung der Gärten zu »Erholungsgärten« wurden zunehmend Ziersträucher gepflanzt, die nicht zur heimischen Flora gehörten. Nach und nach verdrängten sie die ehemals typischen Gartengehölze.

Für die Gestaltung von Gärten haben Gehölze eine große Bedeutung:
- sie schützen den Boden vor Erosion und Austrocknung;
- sie bieten vielen Tieren einen Lebensraum (Unterschlupf, Brutplatz, Nahrung);
- sie bilden ein »Dach« für schattenliebende Pflanzen;
- sie kommen dem Menschen direkt zugute (Blüten, Früchte, Holz);
- sie prägen das Bild des Gartens und geben ihm ein individuelles Aussehen (Ästhetik).

Hecken nehmen in Naturgärten eine besondere Stellung ein, weil sie mehrere Funktionen gleichzeitig erfüllen. Sie bieten Lebensraum für Tiere, Abgrenzung oder Sichtschutz und häufig auch Früchte für Menschen und Tiere.

Verschiedene Gehölzformen
Seite 38

Wichtige Pflanzvorbereitungen
Seite 40

Anpflanzung
Seite 45

Pflegemaßnahmen
Seite 51

◁ Gemischte Hecken bieten Abwechslung durch Farben und Formen

◁ unten rechts Blüten und Früchte können sogar in der Küche Verwendung finden

◁ unten links Holunderblüten mit Rosenkäfern

Gehölze

Gehölze erfüllen verschiedene Funktionen:
- **Lebensraum für Tiere**
- **Erosionsschutz**
- **Sichtschutz**
- **Schmuck**
- **Begrenzung**
- **Rohstofflieferant**

Auswahl heimischer Gehölze verschiedener Wuchsformen
(unter Verwendung von STEINBACH, 1992)

Bäume	Sträucher			Halbsträucher
	Großsträucher	Normalsträucher	Kleinsträucher	
Eberesche *Sorbus aucuparia*	Europäisches Pfaffenhütchen *Evonymus europaea*	Hunds-Rose *Rosa canina*	Gemeiner Seidelbast *Daphne mezereum*	Echte Brombeeren *Rubus fruticosus agg.*
Feld-Ahorn *Acer campestre*	Faulbaum *Frangula alnus*	Rote Heckenkirsche *Lonicera xylosteum*	Schwarze Johannisbeere *Ribes nigrum*	Himbeere *Rubus idaeus*
Hainbuche *Carpinus betulus*	Gemeine Hasel *Corylus avellana*	Schlehe *Prunus spinosa*	Stachelbeere *Ribes uva-crispa*	
Vogel-Kirsche *Cerasus avium*	Schwarzer Holunder *Sambucus nigra* Weißdorn-Arten *Crataegus spec.*			

Im Selbstlauf entstandene Gebüsche bestehen aus robusten Gehölzen

Gebüsch

Verwendungsmöglichkeiten verschiedener heimischer Gehölze
→ Tab. S. 45

Verschiedene Gehölzformen

Gewächse mit harten, verholzten Stämmen, Ästen und Zweigen, die den Winter oberirdisch überdauern und im nächsten Frühjahr austreibende Knospen tragen, werden als Gehölze bezeichnet. Man kann sie in zwei große Gruppen untergliedern, die Laubgehölze und die Nadelgehölze, außerdem können sie trotz sehr großer Formenvielfalt nach ihrer Wuchsform eingeteilt werden.
Je nachdem, welchen Zweck das Anpflanzen von Bäumen und Sträuchern erfüllen soll, stehen verschiedene Gehölztypen zur Auswahl.

Gebüsch
Diese Gehölzform ist besonders auf gärtnerisch schwer nutzbaren bzw. schlecht zugänglichen Flächen, meist besonders steinigen oder trockenen Standorten bzw. steilen Hanglagen, weit verbreitet. Gebüsche sind nicht höher als 5 m. Sie bestehen vorwiegend aus Sträuchern, die sich oft von selbst ausbreiten und vermehren und so in kurzer Zeit mehr oder weniger große Flächen besiedeln können.

Hecken
Bei dieser bandartigen bzw. linearen Gehölzformation dominieren ebenfalls Sträucher. Neben der Artenzusammensetzung unterscheiden sich Hecken in ihrem strukturellen Aufbau voneinander. Strauchhecken und Baumhecken sind die zwei wichtigsten

Möglichkeiten. In ersteren finden wegen der meist dichten Verzweigung viele typische Heckentiere optimale Lebensräume. Baumhecken sind waldähnlicher und bieten daher eher waldbewohnenden Arten einen geeigneten Lebensraum.

Hecke

Bäume

Bäume spielen in Gärten eine sehr wichtige Rolle. Es hängt vom Platz, von den Wünschen der Gartenbesitzer und manchen anderen Faktoren ab, welche Baumarten gepflanzt werden.

Als Schattenspender oder Fruchtlieferanten gehören Bäume unbedingt in den Garten

Arbeitsschritte bei der Anlage von Gehölzen

Vor dem Anpflanzen von Gehölzen im Garten muß man verschiedene Fragen klären:

- Welche Gehölzarten eignen sich für die Umsetzung der konkreten Vorstellungen besonders?
- Welche Gehölze sind für die Region typisch?
- Welche Arten passen in das Bild des Gartens?

Wenn diese Fragen beantwortet sind, kann man beginnen. Es ist günstig, folgende Arbeitsschritte einzuhalten:

- Vorbereitungen,
- Anpflanzung und
- Pflegemaßnahmen.

Welche Gehölze passen in welchen Garten?

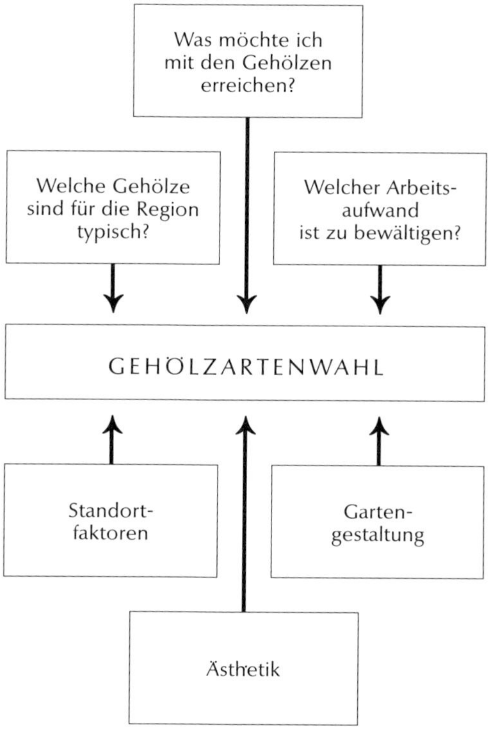

Gehölze

Die Auswahl der Pflanzen hängt vom Standort ab

Folgende Faktoren beeinflussen die Gehölzartenwahl:
- **Gestaltungsziel**
- **angestrebte Funktion**
- **regional typische Arten**
- **zukünftiger Pflegebedarf**
- **Standortfaktoren**

Wichtige Pflanzvorbereitungen

Jede Pflanzenart hat unterschiedliche Ansprüche an Wasser, Boden, Nährstoffe, Temperatur und Licht. Bei der Anlage von naturnahen Gärten wird man nicht für jede beliebige Pflanze einen entsprechenden Standort schaffen wollen, sondern solche Arten ansiedeln, welche den schon vorhandenen Bedingungen am besten entsprechen.
Je besser die Pflanzenartenwahl auf die Standortgegebenheiten abgestimmt ist, desto nachhaltiger ist die Wirkung auf die Pflanzung selbst und auf den dadurch spürbar geringeren Pflegeaufwand.

Pflanzenartenauswahl
Je nachdem, ob man von zoologischen oder botanischen Gesichtspunkten ausgeht, ergeben sich für Neupflanzungen von Gehölzen verschiedene Vorschläge. Aus rein zoologischer Sicht wären vor allem Wildrosen (*Rosa* spec.), Schlehen (*Prunus spinosa*) und Weißdorn (*Crataegus* spec.) zu bevorzugen. Sie bieten sowohl eine optimale Nahrungsgrundlage für erwünschte Insektenarten und andere Tiere als auch Nistmöglichkeiten für Vögel und Ruhezonen vor Störungen durch den Menschen. Aus botanischer Sicht muß die Pflanzenartenauswahl jedoch modifiziert werden, da nicht jeder Naturraum die gleichen Pflanzengesellschaften beherbergt. Die natürlichen Gehölzvorkommen sind auf-

grund der oft kleinflächig variierenden geomorphologischen, edaphischen und klimatischen Bedingungen mosaikartig miteinander verzahnt. Es ist deshalb nicht möglich, für ganze Naturräume oder gar Naturregionen gültige, einheitliche Baum- und Strauchartenempfehlungen zu geben.

Die beste Orientierung für die Wahl der anzupflanzenden Gehölze kann durch die Beobachtung der Natur gewonnen werden, denn in den schon vorhandenen Hecken und an Waldrändern kommen die unterschiedlichen Baum- und Heckenstraucharten des entsprechenden Gebietes natürlich vor. Bei einem Spaziergang in der umgebenden Natur notiert man sich die Gehölze, die auf ähnlichen standörtlichen Verhältnissen wie im zukünftigen Naturgarten wachsen.
In freiwachsenden Gehölzen finden solche licht- und wärmebedürftigen Pflanzen wie Schlehen (*Prunus spinosa*), Gemeiner Liguster (*Ligustrum vulgare*), Rosen (*Rosa* spec.), Hartriegel (*Cornus*), Weißdorn (*Crataegus*), Ebereschen (*Sorbus aucuparia*) u. a. ideale Wachstumsbedingungen. Innerhalb eines Gehölzbestandes lassen sich die verschiedenen Lichtansprüche gut beobachten. So siedeln die lichtbedürftigen Baum- und Straucharten bevorzugt an den sonnenseitigen Rändern, während höher werdende bzw. schattenverträgliche Arten im Inneren oder auf der Schattenseite wachsen. Die Krautschicht an den Gehölzrändern

Gehölzpflanzen und Möglichkeiten ihrer Anzucht (Auswahl)

Deutscher Name	Wissenschaftlicher Name	Anzucht aus Samen	Anzucht mit Steckling
Blutroter Hartriegel	*Cornus sanguinea*	×	×
Eberesche	*Sorbus aucuparia*	×	–
Echte Brombeeren	*Rubus fruticosus* agg.	×	×
Europ. Pfaffenhütchen	*Evonymus europaea*	×	×
Faulbaum	*Frangula alnus*	×	–
Gemeine Hasel	*Corylus avellana*	×	–
Gemeiner Liguster	*Ligustrum vulgare*	×	×
Hunds-Rose	*Rosa canina*	×	–
Rote Heckenkirsche	*Lonicera xylosteum*	×	×
Roter Holunder	*Sambucus racemosa*	×	–
Sal-Weide	*Salix caprea*	–	×
Schlehe	*Prunus spinosa*	×	–
Schwarzer Holunder	*Sambucus nigra*	×	–
Stachelbeere	*Ribes uva-crispa*	×	×
Weißdorn-Arten	*Crataegus* spec.	×	–
Zitter-Pappel	*Populus tremula*	×	–

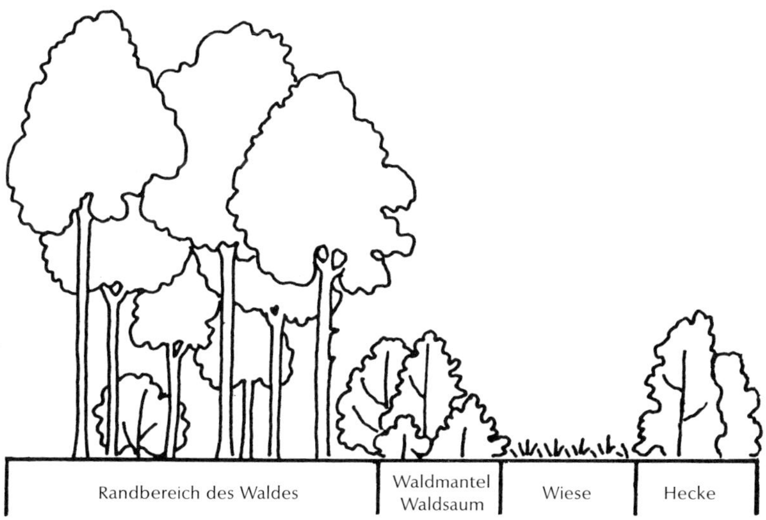

Die Hecke – ein spiegelbildlich doppelter Waldrand

Gehölze

Empfehlungen zur Gehölzartenwahl
(unter Verwendung von BRUN 1981, BOHN u. KRAUSE 1989, ROTHMALER 1990, ENDE 1991, GEPP 1992 a, STEINBACH 1992)

	Boden-feuchte	Nährstoff-gehalt	Licht
BÄUME			
Eberesche *Sorbus aucuparia*	t–f	g–m	s h
Feld-Ahorn *Acer campestre*	t–f	m–r	s h a
Gemeine Birke *Betula pendula*	t–f	g–m	s
Gemeine Eibe *Taxus baccata*	f	m–r	h a
Gemeine Esche *Fraxinus excelsior*	f–n	m–r	s h
Gemeiner Wacholder *Juniperus communis*	t	g–m	s
Hainbuche *Carpinus betulus*	t–f	m–r	s h a
Moor-Birke *Betula pubescens*	f–n	g–m	s
Rot-Buche *Fagus sylvatica*	f	m–r	h a
Schwarz-Erle *Alnus glutinosa*	f–n	m–r	s h
Sommer-Linde *Tilia platyphyllos*	f	m–r	h
Spitz-Ahorn *Acer platanoides*	t–f	m–r	s h a
Stiel-Eiche *Quercus robur*	f–n	g–m–r	s h
Trauben-Eiche *Quercus petraea*	t–f	g–m–r	s h
Vogel-Kirsche *Cerasus avium*	f	m–r	h
Wild-Apfel *Malus sylvestris*	f	m–r	s h
Wild-Birne *Pyrus pyraster*	f–n	m–r	s h
Winter-Linde *Tilia cordata*	t–f	m–r	h
Zitter-Pappel *Populus tremula*	t–f	g–m	s
STRÄUCHER			
Blutroter Hartriegel *Cornus sanguinea*	t–f	m–r	s h
Europ. Pfaffenhütchen *Evonymus europaea*	f	m–r	s h
Faulbaum *Frangula alnus*	f	g–m–r	s h a
Gemeine Berberitze *Berberis vulgaris*	t–f	m–r	s
Gemeine Hasel *Corylus avellana*	t–f	m–r	s h
Gemeine Waldrebe *Clematis vitalba*	f	r	s h a
Gemeiner Liguster *Ligustrum vulgare*	t–f	m–r	s h
Gemeiner Seidelbast *Daphne mezereum*	f	r	s h
Hunds-Rose *Rosa canina*	t–f	g–m–r	s h
Kornelkirsche *Cornus mas*	t–f	m–r	s h
Rote Heckenkirsche *Lonicera xylosteum*	f	m–r	s h a
Roter Holunder *Sambucus racemosa*	t–f	g–m–r	h a
Sal-Weide *Salix caprea*	f–n	m–r	s h
Schlehe *Prunus spinosa*	t	m–r	s h
Schwarzer Holunder *Sambucus nigra*	f	m–r	s h a
Schwarze Johannisbeere *Ribes nigrum*	f	r	s h
Stachelbeere *Ribes uva-crispa*	f	r	s h
Weißdorn-Arten *Crataegus spec.*	t–f	m–r	s h
HALBSTRÄUCHER			
Echte Brombeeren *Rubus fruticosus agg.*	t–f	m–r	s h a
Himbeere *Rubus idaeus*	t–f	m–r	s h a

Bodenfeuchte		Nährstoffgehalt		Licht	
trocken	t	gering	g	sonnig	s
frisch	f	mittel	m	halbschattig	h
naß	n	reich	r	schattig	a

variiert ebenfalls entsprechend dem Licht-, Wärme- und Feuchtigkeitsangebot. An den südexponierten Rändern wachsen häufig Doldengewächse, z. B. Wiesen-Kerbel (*Anthriscus sylvestris*), Kälberkropf-Arten (*Chaerophyllum*), Wiesen-Bärenklau (*Heracleum sphondylium*), Wilde Möhre (*Daucus carota*), Giersch (*Aegopodium*). Außerdem sind Distel-Arten (*Carduus*), Gemeine Schafgarbe (*Achillea millefolium*), Gemeiner Beifuß (*Artemisia vulgaris*), Kletten-Arten (*Arctium*), Kratzdistel-Arten (*Cirsium*) sowie Süßgräser (*Poaceae*) zu finden. Im Inneren bzw. an den Schattenseiten wachsen oft Gemeine Quecke (*Elytrigia repens*), Große Brennessel (*Urtica dioica*) und Klebkraut (*Galium aparine*). Waldpflanzen siedeln sich, wenn überhaupt, erst in älteren, dicht geschlossenen Gehölzen an.

Die »Empfehlungen zur Gehölzartenwahl« dienen der Orientierung und zeigen die vielfältigen Möglichkeiten bei der Auswahl der Gehölze. Aus diesem allgemeinen Angebot sind nun die für den ganz konkreten Standort am besten geeigneten Arten auszuwählen. Die Zusammenstellung erfolgte nach Literatur verschiedener Autoren.

Qualität des Pflanzgutes
Die Jungpflanzen können entweder selbst herangezogen oder aus Baumschulen bzw. Gärtnereien bezogen werden. Die eigene Anzucht aus Saatgut oder Stecklingen bedarf einer An-

zuchtzeit auf Beeten. Auch eine Entnahme aus in der Nähe wachsenden Hecken oder an Waldrändern ist denkbar. Wer sein Pflanzgut unmittelbar am Naturstandort ausgraben möchte, muß jedoch vorher Rücksprache mit dem örtlichen Revierförster bzw. den zuständigen Naturschutzbehörden halten. Direkt aus der Natur entnommene Jungpflanzen wachsen an ihrem neuen Platz am besten weiter, wenn sie je nach Art etwa 50 bis 150 cm hoch waren.

Fehlen das gärtnerische Wissen und das Geschick für eine eigene Anzucht oder Möglichkeiten zur Beschaffung von Jungpflanzen aus der Natur, dann stehen »fertige« Bäume und Sträucher aus Baumschulen in reicher Auswahl zur Verfügung. Diese sind gut bewurzelt und werden oft mit Wurzelballen und Erde angeboten.

Keine der oben angeführten Möglichkeiten befreit uns aber von der Verantwortung darüber, nur einheimisches und standorttypisches Pflanzenmaterial zu verwenden. Schon beim Kauf der Gehölze sollte man besonders auf regionale Herkunft Wert legen und möglichst auch finanziell günstig erscheinende Angebote von nicht heimischem Pflanzenmaterial ablehnen.

Pflanzplan
Bevor die benötigten Pflanzen erworben werden, ist eine genaue Planung notwendig. Hierbei spielt zuerst die

Nur gesunde und gut entwickelte Jungpflanzen sichern den Pflanzerfolg

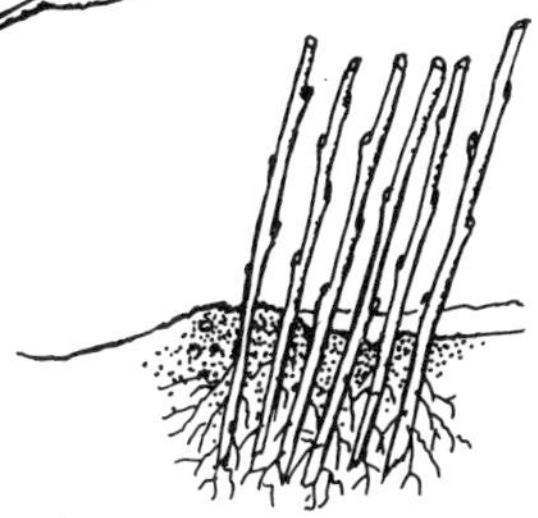

Stecklinge sollten 3–5 Augen haben

Eine Alternative ist gut bewurzelte und gesunde Baumschulware, z. B. in Netz, Folie oder Topf

Baumschulpflanzen sind gut bewurzelt

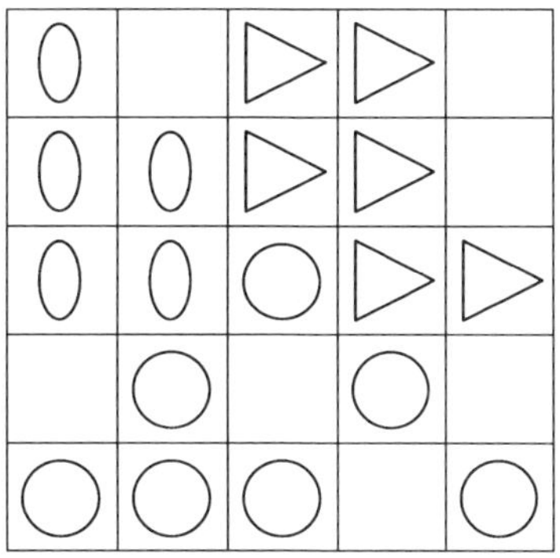

Beispiel für den Plan einer Gehölzgruppe

Die Artenauswahl ist abhängig vom Platzangebot

Zwischen freiwachsender und geschnittener Hecke läßt sich ein Kompromiß finden: die zum Weg liegende Seite wird beschnitten, die andere Seite wächst frei

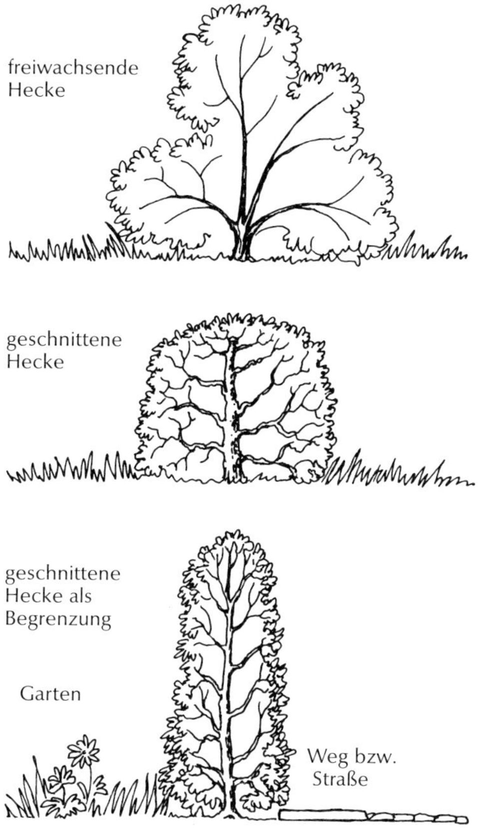

Artenwahl ist abhängig vom Platzangebot

Frage nach dem zur Verfügung stehenden Platz eine Rolle. Wer ausreichend Platz zur Verfügung hat, entscheidet sich am besten für freiwachsende Gehölze, die bei geeigneter Artenwahl ihre ganze Schönheit entfalten und gleichzeitig ein idealer Lebensraum für Kleintiere sein können. Ist das Platzangebot zu gering, bleibt nichts anderes übrig, als die Gehölze mehrmals im Jahr zu beschneiden. Viele Gehölze haben einen ästhetischen Reiz z. B. durch Blüten, Früchte oder besondere Herbstfärbung. Oft sind einzelne Pflanzenteile für Menschen und Tiere nutzbar. Das Pflanzen kann aus verschiedenen Gründen erfolgen, z. B. zur »lebenden« Abgrenzung eines Sitzplatzes, als Windschutz bzw. Begrenzung. Da für die verschiedenen Möglichkeiten unterschiedliche Gehölzarten in Frage kommen, sollte man am besten vorher überlegen, welchen Zweck die Pflanzung erfüllen soll.

Für einige Gehölze bestehen in bestimmten Regionen Anbaubeschränkungen, z. B. dürfen Weißdorn oder Schlehen in der Nähe von Obstplantagen nur bedingt angebaut werden, weil sie den gefürchteten Feuerbrand übertragen können

Ausbreitung der Schlehen (*Prunus spinosa*) durch Ausläufer

Möchte man gern Sichtschutz- oder Begrenzungspflanzungen, wird man sich für eine Hecke entscheiden.
Neben den genannten Funktionen sind in der Vorbereitungsphase einige artspezifische Eigenschaften zu berücksichtigen. Dazu gehören:

- Wüchsigkeit und endgültige Größe der ausgewählten Gehölze (Endbreite und Endhöhe).
- Ausbreitungsverhalten: Wenn benachbarte Flächen gehölzfrei bleiben sollen, ist es wichtig zu wissen, welche Arten besser keine Berück-

sichtigung finden, weil sie z. B. ein sehr weitreichendes Wurzelsystem entwickeln (Birke *Betula*), sich durch reichliche Wurzelsprosse ausbreiten (Zitter-Pappel *Populus tremula*) oder mit Hilfe von Ausläufern (Schlehen *Prunus spinosa*) andere Standorte erobern.
- Besonders zu beachten ist die Giftigkeit mancher Pflanzenarten, wenn sich kleinere Kinder im Garten aufhalten. Dann pflanzt man solche Gehölze, wie z. B. Gemeinen Seidelbast (*Daphne mezereum*) oder Gemeine Eibe (*Taxus baccata*) besser nicht an.

Weitere Eigenschaften, u. a. Lebenserwartung, Entwicklungsrhythmus, Belaubungsdichte spielen im Naturgarten eine untergeordnete Rolle.

Ein weiterer wichtiger Gesichtspunkt für die Auswahl der Gehölze ist ihr Wert als Spielplatz. Fast jedes Kind klettert gern, spielt oder baut auf bzw. in Gehölzen »Buden«. Diese »Bespielbarkeit« kann durch die Wahl der entsprechenden Gehölze erreicht werden.

Anpflanzung

Vorab ist anzumerken, daß es besser ist, bereits vorhandene Gehölze zu erhalten als neue anzulegen. Neugeschaffene Pflanzungen benötigen mehrere Jahrzehnte, bis sie einen so hohen ökologischen Wert wie bestehende erreichen. Neupflanzungen sollen aus unterschiedlichen heimischen

Besonders robuste Gehölze sind Apfel, Eiche, Hasel, Holunder

Gehölz als Kinderspielplatz

Verwendungsmöglichkeiten verschiedener heimischer Gehölze (Auswahl)
(unter Verwendung von BRUN 1981, STEINBACH 1992)

Sichtschutz/ Begrenzung	Nutzung von Pflanzenteilen durch Mensch und Tier	wichtige Früchte als Vogelnahrung	Blütenangebot für Insekten
Blutroter Hartriegel *Cornus sanguinea*	Echte Brombeeren *Rubus fruticosus* agg.	Blutroter Hartriegel *Cornus sanguinea*	Blutroter Hartriegel *Cornus sanguinea*
Echte Brombeeren *Rubus fruticosus* agg.	Gemeine Hasel *Corylus avellana*	Eberesche *Sorbus aucuparia*	Echte Brombeeren *Rubus fruticosus* agg.
Feld-Ahorn *Acer campestre*	Himbeere *Rubus idaeus*	Europ. Pfaffenhütchen *Evonymus europaea*	Europ. Pfaffenhütchen *Evonymus europaea*
Gemeiner Liguster *Ligustrum vulgare*	Hunds-Rose *Rosa canina*	Gemeiner Liguster *Ligustrum vulgare*	Feld-Ahorn *Acer campestre*
Hainbuche *Carpinus betulus*	Schlehe *Prunus spinosa*	Kornelkirsche *Cornus mas*	Hunds-Rose *Rosa canina*
Hunds-Rose *Rosa canina*	Schwarzer Holunder *Sambucus nigra*	Schlehe *Prunus spinosa*	Kornelkirsche *Cornus mas*
Rote Heckenkirsche *Lonicera xylosteum*	Weißdorn-Arten *Crataegus* spec.	Schwarzer Holunder *Sambucus nigra*	Schlehe *Prunus spinosa*
Schlehe *Prunus spinosa*		Weißdorn-Arten *Crataegus* spec.	Weißdorn-Arten *Crataegus* spec.
Weißdorn-Arten *Crataegus* spec.			Wild-Apfel *Malus sylvestris*
			Wild-Birne *Pyrus pyraster*

Als Pflanzabstand ist mindestens die Hälfte der endgültigen Höhe der Art einzuplanen

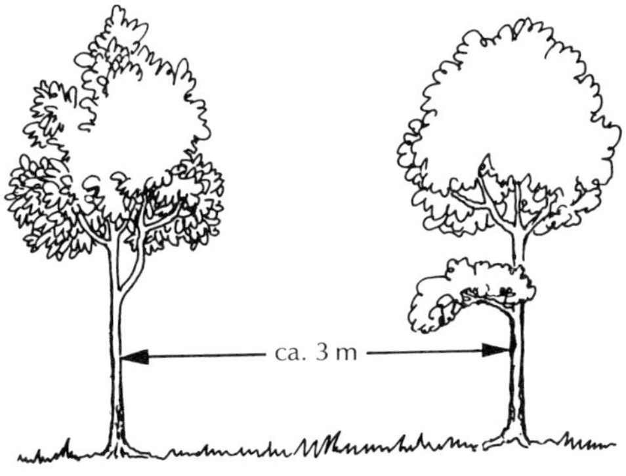

Pflanzen benötigen ausreichend Wuchsraum

Etwa 2 bis 3 Sträucher einer Art pflanzt man gruppenweise

Saumbiotop ist der Übergangsbereich zwischen Gehölz und offenem Gelände, der überwiegend aus Hochstauden besteht

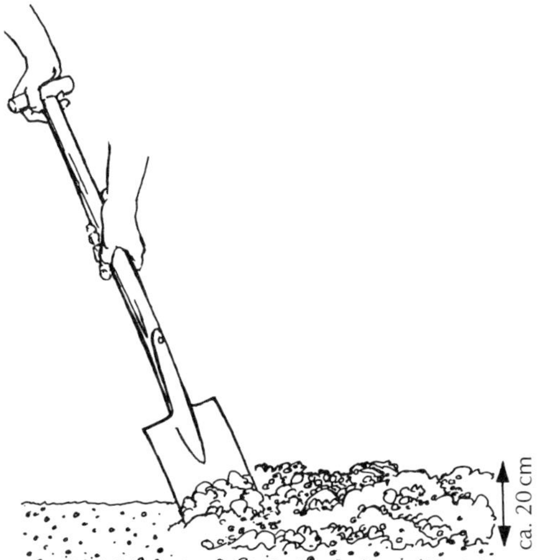

Schweren Boden lockern, aber nicht düngen

und bodenständigen Pflanzenarten bestehen und einen möglichst großen Strukturreichtum aufweisen.

Gesunde Pflanzen benötigen ausreichenden Wuchsraum, um sich oberirdisch und unterirdisch richtig entfalten zu können. Bei einem zu geringen Platzangebot sind spätere Eingriffe vorprogrammiert, oder die Pflanze wird durch Beengung in ihrer Entwicklung gehemmt.
Eine Ausnahme bilden kleine Pflanzen mit geringer Qualität oder schlechte Standortbedingungen. Solche Gehölze werden anfangs am besten eng gepflanzt. Bei Bäumen sind die Stämme in der Regel so weit voneinander entfernt zu pflanzen, daß sich die späteren Kronen nicht übermäßig in ihrer Entwicklung hemmen. Sträucher derselben Art werden gruppenweise gepflanzt.

Eine in Reih' und Glied angeordnete Gehölzpflanzung bietet kaum die Möglichkeit, daß im Übergangsbereich zwischen Gehölz und offenem Gelände der besonders aus ökologischer Sicht sehr wertvolle Saumbiotop erhalten bleibt oder entsteht. Buchten und Wellen am Rand der Gehölzpflanzung verlängern den Übergangsbereich und lassen gleichzeitig aus verschiedenen Perspektiven interessante Eindrücke entstehen. Innerhalb der Pflanzung können auch Freiräume als Gestaltungsmöglichkeit dienen.
Schwere Böden lockert man am besten ca. 20 cm tief. Eine Düngung ist nicht

erforderlich, da die standortgerechten Gehölze unter den jeweils herrschenden Bedingungen leben müssen. Zur Bodenverbesserung (z. B. Bauland, verdichtete Böden) können höchstens organische Dünger beigegeben werden. Anthropogen, d. h. durch den Menschen entstandene Bodenverdichtungen sind zu beseitigen. Der Luftaustausch zwischen Boden und Atmosphäre ist für das Wurzelwachstum sowie die Nährstoff- und Wasseraufnahme unbedingt nötig. Lockerer Boden muß nicht besonders vorbereitet werden.
Es wird sowohl die Herbst- als auch die Frühjahrspflanzung empfohlen. Im Herbst kann die Pflanzung zwischen dem Laubfall und den ersten Frösten erfolgen. Allerdings besteht dann die Gefahr winterlicher Frosttrocknis. Deshalb ist es meistens besser, im Frühjahr nach dem Auftauen der Erde zu pflanzen. Die Pflanzen dürfen nicht austrocknen, d. h. während der Pflanzarbeiten nicht ungeschützt in austrocknendem Wind oder in der Sonne liegen.
Vor der Pflanzung ist eine geringfügige Reduzierung des Wurzelwerkes und der oberirdischen Triebe günstig. Feinwurzeln werden nicht entfernt, die Schnittstellen müssen glatt sein.
Bei Ballenpflanzen muß das Ballentuch bzw. -netz entfernt oder zumindest gelockert werden. Trockene Erdballen werden vor der Pflanzung gewässert.

Lochpflanzung

Das Pflanzloch wird mindestens 30 cm

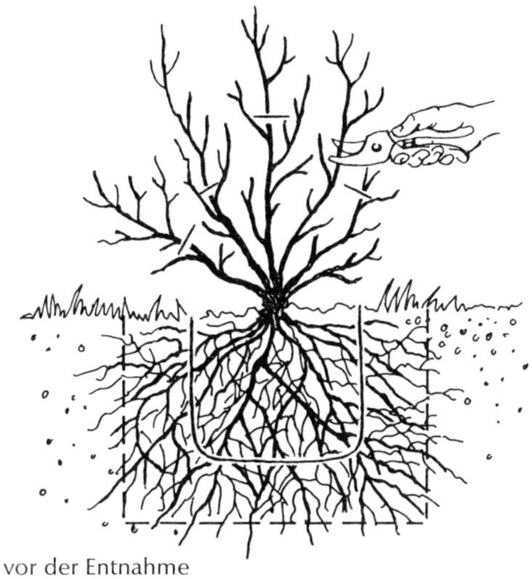

vor der Entnahme

Ein Rückschnitt vor der Pflanzung ist günstig

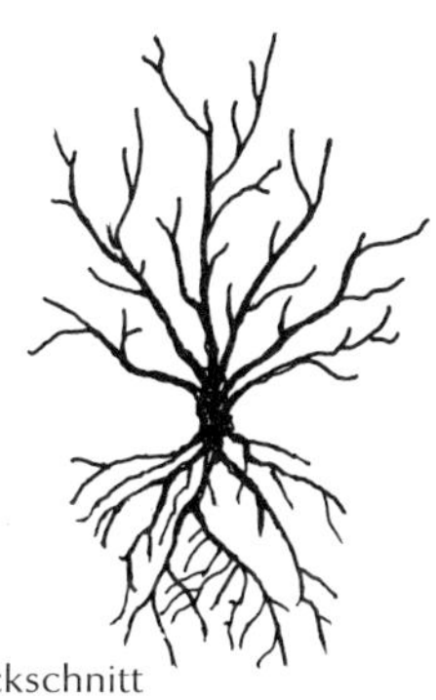

nach dem Rückschnitt

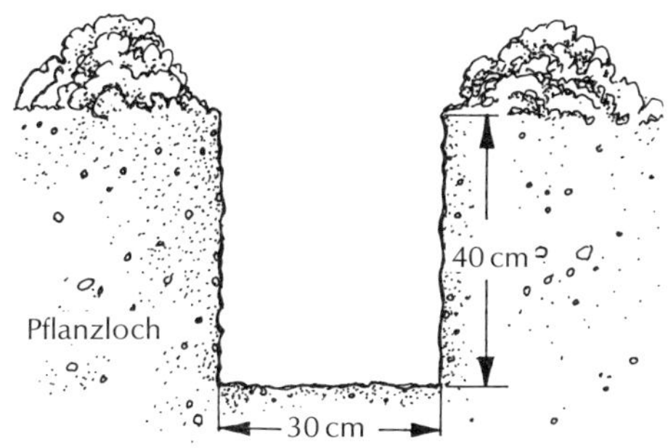

Keine mineralische Düngung

Die gesamte Zeit der Vegetationsruhe, etwa von Oktober bis März, ist zum Pflanzen geeignet

Faustregel: Auf leichten Böden ist Herbstpflanzung günstiger, schwere Böden eignen sich besser für Frühjahrspflanzung

Wässern ist vor und nach dem Pflanzen wichtig

Vor dem Pflanzen wird das Ballennetz entfernt

Winkelpflanzung in den Rasen

Es werden bevorzugt Laubgehölze gepflanzt

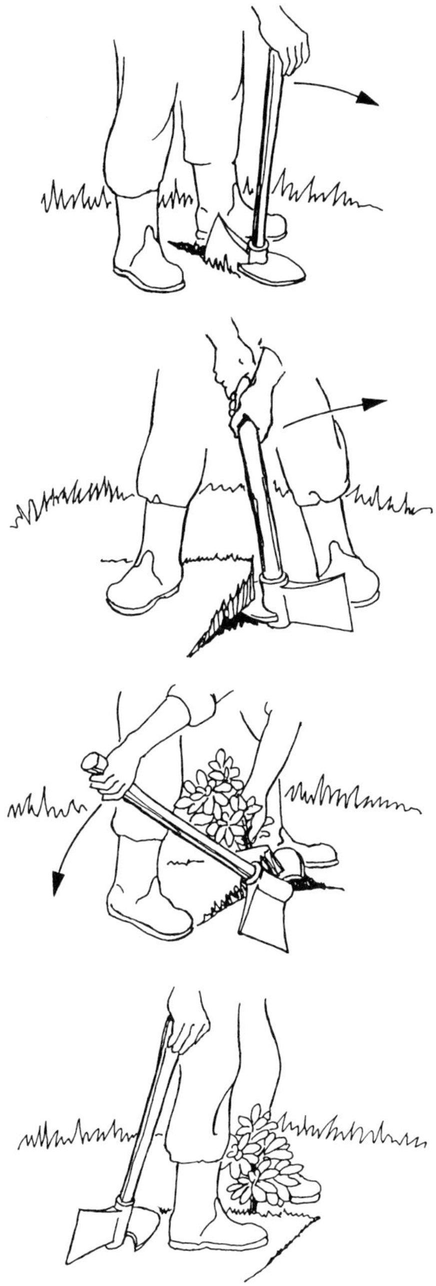

Pflanzung in den Rasen

mal 40 cm ausgehoben, größere Ballen oder Wurzeln benötigen ein entsprechend größeres Pflanzloch. Die Pflanztiefe beträgt etwa 40 cm. Die Breite und die Tiefe des Pflanzloches muß mindestens das 1,5fache des Wurzeldurchmessers betragen. Am besten stehen die Pflanzen am neuen Standort in der gleichen Tiefe wie sie herangewachsen sind. Eine Abweichung von 5 cm schadet nicht. Die Pflanzstelle wird nach Abschluß der Pflanzung festgetreten und feucht gehalten. Der Aushub von Pflanzlöchern ist mit Spaten, Hacke oder dem Pflanzlochbohrer möglich.

Winkelpflanzung
Gehölze können ohne weiteres in den Mährasen oder in die Wiese gepflanzt werden. Dabei wird der Boden vorher nicht extra gelockert. Winkelpflanzungen sind jedoch nur bei einigermaßen steinfreien Böden empfehlenswert.
Als Arbeitsgerät eignet sich ein Doppelgerät, welches eine Beilseite und eine Hakenseite besitzt. Mit der Beilseite schlägt man einen Spalt, mit der Hakenseite öffnet man den Spalt und legt die Pflanze mit möglichst gerader Wurzel hinein. Anschließend wird der Boden gut festgetreten. Wer dieses Doppelgerät nicht besitzt, kann sich auch mit einem Spaten behelfen.

Nach der Pflanzung ist ein wirksamer Schutz gegen Tiere (Rehe, Feldhasen, Wildkaninchen, Wühlmäuse), gegen Wind bzw. Sturm oder gegen Über-

wachsen durch andere Pflanzen angebracht. Dabei muß man natürlich abschätzen, welcher Faktor die Jungpflanzen am stärksten beeinträchtigen könnte.
Der Verbiß durch Rehe, Feldhasen und Wildkaninchen bzw. das Fegen der Rehböcke läßt sich durch entsprechende Schutzspiralen oder Drahthosen verhindern.
Sich gegen Wühlmäuse zu helfen ist schon schwieriger. Erfahrungsgemäß fühlen sie sich oft in einem Naturgarten nicht zuletzt wegen der Mulchdecke besonders wohl. Sie »helfen« aber unter Umständen auch bei der Umgestaltung von herkömmlichen zu naturnahen Gärten, da sie oft die meist pflegeintensiven und konkurrenzschwächeren, standortfremden Gehölze zuerst (oder nur diese?) im Wurzelbereich an- und teilweise abfressen. Schutz gegen Wühlmäuse (ohne Chemie!) ist durch ein entsprechend dichtes Maschendrahtnetz um den Wurzelbereich möglich. Im Schutz dieses Netzes, das nach 3 bis 5 Jahren verrottet oder verrostet sein sollte, können die Pflanzen ihr Wurzelsystem entwikkeln und stärken. Rindenmulch im Bereich der Wurzeln entfernt man im Herbst, damit die Wühlmäuse nicht ständig optimale Bedingungen haben. Standfeste Stützpfähle aus Holz können die Gehölze bei Wind oder Sturm halten.
Der Boden unter frisch gepflanzten Gehölzen darf nicht bearbeitet werden. Mit Gräsern oder Kräutern einge-

Schutz gegen Wühlmäuse durch dichtes Drahtnetz

In der ersten Zeit benötigen die neu gepflanzten Gehölze wirksamen Schutz gegen:
- **Tiere**
- **Wind**
- **Überwachsen**

Wühlmäuse lassen sich auch ohne Chemie vertreiben

Zur Herstellung eines Drahtkorbes gegen Wühlmäuse verwendet man verzinktes (kein kunststoffummanteltes) Drahtgeflecht mit max. 15 mm Maschenweite

Zugewachsene Gehölze müssen freigemäht werden

Freimähen von eingewachsenen Gehölzen mit Sense oder Sichel

Aus Baum- und Strauchschnitt wird ein Gerüst aufgeschichtet

wachsene oder überwachsene Gehölze werden am besten mit einer Sense oder Sichel freigemäht. Nach Erreichen einer gewissen Höhe setzen sich die Holzpflanzen von selbst durch. Wenn die Gehölze dichter zusammenwachsen, wird es am Boden der Anpflanzung dunkler, und die anfangs üppig wachsenden Wildkräuter und Gräser bleiben im Wachstum zurück. Dort siedeln sich dann von selbst oder mit »Nachhilfe« solche Arten an, die mehr Schatten vertragen.
Alternativen zu den beschriebenen Pflanzungen sind das Anlegen von sogenannten »Benjes-Hecken« oder das »Sich-selbst-Überlassen« von Freiflächen. Beide Möglichkeiten erfordern Geduld und Stehvermögen gegen die Kritik der »Unordentlichkeit«.

»Benjes-Hecken«

Durch eine geordnete Aufschichtung von Gehölzschnitt ist eine Heckenbegründung (bekannt unter dem Namen »Benjes« – dem Beschreiber dieses Heckentyps) möglich. Auf dem dazu vorgesehenen Gelände wird abgeschnittenes Heckenholz ca. ein Meter hoch und zwei bis mehrere Meter breit aufgestellt. Dabei muß man darauf achten, daß stärkere Äste ein stabiles Gerüst bilden, damit die »Benjes-Hecke« nicht nach dem ersten Winter in sich zusammenfällt. Dazu zeigen die Zweige am besten mit den dicken Enden schräg nach unten. In das Astwerk hineingepflanzte Gehölze werden vorsichtig mit Gestrüpp eingehüllt. Soweit

das aufgeschichtete Strauchmaterial noch zur Bewurzelung fähig ist, wird es austreiben.
Weitere Heckenpflanzensamen werden die Vögel, welche die Äste gern als Sing-, Rast- oder Nistplatz nutzen, durch ihren Kot einbringen.

»Sich-selbst-Überlassen«
Die Veränderung einer Fläche auf diese Art und Weise nennt man Sukzession.
Ganz ohne Pflege, z. B. Mahd oder Umgraben, würde sich in unseren Breiten nach einem gewissen, für jeden Standort anderen Zeitraum, der aber viele Jahre umfaßt, auf nahezu jeder Fläche eine Gehölzvegetation einstellen. Diesen natürlichen Prozeß kann man ausnutzen und eine bestimmte Fläche im Garten einfach sich selbst überlassen. Auf ehemaligem Beet- oder Grünland mit Maulwurfshaufen oder anderen Bodenwunden werden Gehölzkeimlinge eher ankommen als auf dichtem Grünland (z. B. ehemaliger Kurzrasen). Der Selbstbesiedlungsprozeß läßt sich mit Hilfe künstlicher Bodenverletzungen etwas beschleunigen.

Pflegemaßnahmen

Eine Baumpflege, wie sie in Parkanlagen üblich ist, wird im naturnahen Garten abgelehnt. Es gibt viele Tiere, die in ihrer Entwicklung auf Baumhöhlen und abgestorbene Äste angewiesen sind. Ein Gehölzschnitt kann nur im Spät-

Anlage einer »Benjes-Hecke«

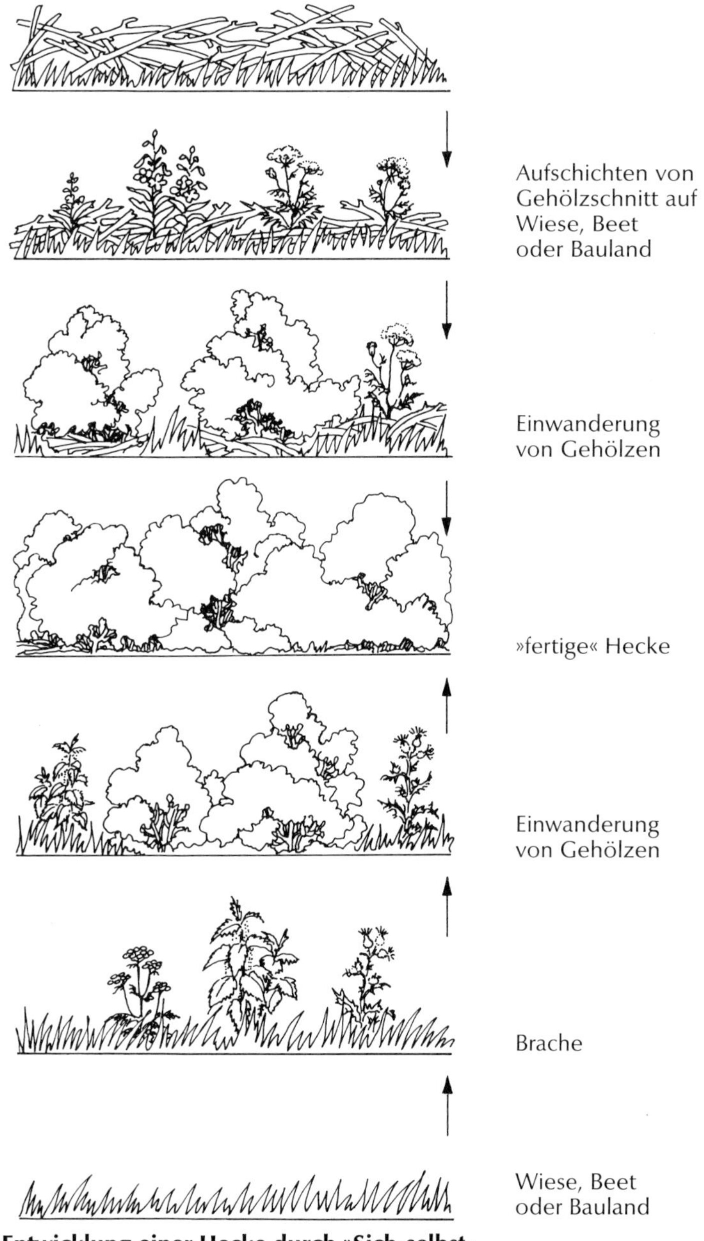

Entwicklung einer Hecke durch »Sich-selbst-überlassen« (verändert nach Benjes, 1991)

Gehölze

In manchen Gegenden ist gesetzlich festgelegt, daß Hecken innerhalb bestimmter Zeiten (Apr.–Sept.) nicht verschnitten werden dürfen

Pflegeschnitt ist zwar erwünscht, jedoch in Maßen

Etwa alle 3 Jahre müssen Gehölzränder gemäht werden

▷ Einzelne Sträucher oder Hecken sind beliebte Aufenthaltsorte für Vögel
oben:
Amsel, Teilalbino
unten links:
Wildrosenstrauch
unten rechts:
Sanddorn

Sträucher werden »auf den Stock« gesetzt (nach einem Foto von BENJES, 1991)

Säume alle 2-3 Jahre mähen

herbst oder zu Winterende erfolgen. Während der Vegetationszeit würden brütende Vögel und andere Tiere gestört werden.

Hecken verdanken ihre Existenz der menschlichen Bewirtschaftung. Früher wurden sie in Abständen von 8 bis 15 Jahren »auf den Stock gesetzt«, d. h. dicht über dem Boden abgehackt oder abgesägt. Dadurch wird ein Verkahlen von unten her vermieden und eine Erneuerung der Straucharten bewirkt. Für unsere Zwecke ist ein abschnittweises auf den Stock setzen empfehlenswert. Die abgeschnittenen, dünnen Äste bleiben nicht überall zur Verrottung in der Hecke zurück, weil das zu einer unerwünschten Nährstoffanreicherung und dadurch z. B. zur Begünstigung von Brennesseln und durch die Bedeckung der Wurzelstöcke zur Behinderung der Regeneration der Gehölze führen kann. Dicke Äste, Stämme und Stubben können aber in der Hecke bleiben, da totholzbewohnende Tiere darauf angewiesen sind. Laub unter Gehölzen wird selbstverständlich nicht entfernt. Es bietet vielen Tieren ein geeignetes Winterversteck.

An Gehölze angrenzende Kraut- und Grassäume werden nur alle 2 bis 3 Jahre im Herbst gemäht und das Mähgut abtransportiert. Dadurch läßt sich einerseits die Ausweitung der Gehölze aufhalten, und andererseits bleiben durch die abgestorbenen Pflanzenstengel Überwinterungsquartiere für Insekten erhalten.

Gänseblümchen, Gemeiner Löwenzahn und Ehrenpreis kommen auf nicht so oft gemähten Rasenflächen vor

Blumenreiche Gartenwiesen

Wiesen sind in der ursprünglichen Natur Deutschlands nicht vorhanden. Die Flächen, welche als Wiesen zur Gewinnung von Heu oder als Weiden für das Vieh benötigt wurden, entstanden erst mit Beginn des Seßhaftwerdens der Menschen durch Auflichtung des Waldes infolge der Waldweidenutzung sowie durch die Rodungstätigkeit der Siedler. Die Pflanzen- und Tierarten, welche diese Lebensräume besiedelten, entstammten überwiegend lichten Standorten in der Umgebung oder wanderten aus wärmeren Gebieten zu.

In unseren Gärten werden wir im Regelfall Wiesen anlegen. Diese können auf unterschiedliche Art und Weise genutzt werden: als häufig gemähte, kurzrasige Sitz- und Liegewiese, Spielwiese für Kinder, Wäschetrocknungsplatz und anderes; als zweischürige Wiese zur Erzeugung von Futter (Gras oder Heu) für Haustiere und Nutztiere oder als blumenreiche Gartenwiese. Der Reichtum oder die Armut an Pflanzen und Tieren ist von der jeweiligen Nutzung der Wiese abhängig.

Bei der Umwandlung einer häufig gemähten Wiese in einen blütenreichen Standort bzw. bei der Neuanlage von Wiesen müssen einige Grundregeln beachtet werden, denn wenn man eine Wiese einfach sich selbst überläßt, würde sie sich unter mitteleuropäischen Klimabedingungen ziemlich rasch in einen Wald umwandeln. Der Lebensraum Wiese durchläuft dabei unter anderem die Stadien Hochstaudenflur und Gebüsch (sog. Sukzession). Dieser natürliche Prozeß muß durch eine entsprechende Nutzung oder Pflegemaßnahmen immer wieder unterbrochen werden.

Blumenreiche Gartenwiesen

Einfluß der Nutzung auf den Wert der Wiese als Lebensraum

- **Magerrasen kalkreich, flachgründig, trocken**
- **Fettwiesen feucht, keine stehende Nässe, hoher Stickstoffgehalt**
- **Feuchtwiesen stagnierende Nässe, meist sauer**

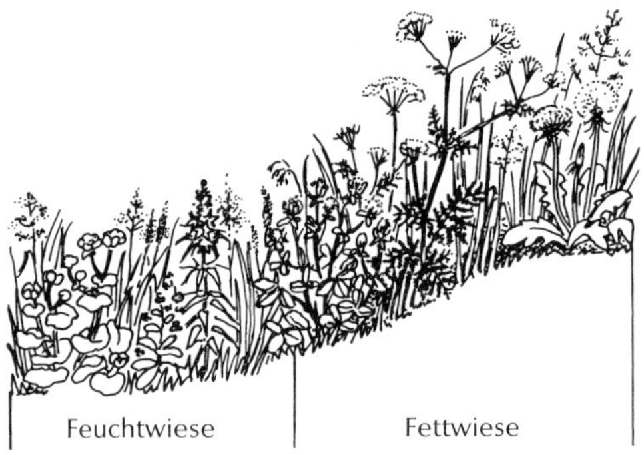

Man kann verschiedene Typen von Wiesen unterscheiden. Die artenreichsten und schönsten wachsen auf mageren Standorten. Auf feuchten Böden unterscheidet man die sauren Wiesen von den fetten. Intensiv genutzte Wiesen im Siedlungsbereich werden als Rasen bezeichnet.

Aus wieviel Pflanzenarten sich eine Rasenfläche zusammensetzt, hängt von verschiedenen Bedingungen ab

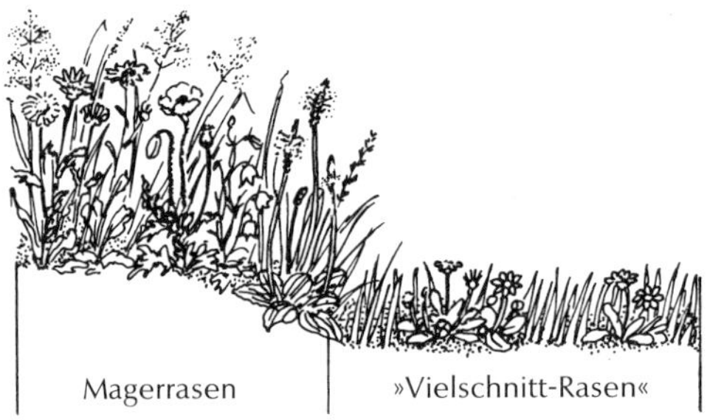

Ein Rasen kann aus einer einzigen Pflanzenart bestehen (negativer Extremfall), wird aber im allgemeinen etwa 10 bis 20 Pflanzenarten enthalten. Diese Zahl hängt von mehreren Faktoren ab, z. B. Schnitthäufigkeit, Düngung, Bekämpfung unerwünschter Pflanzen. Je öfter ein Rasen gemäht wird, desto geringer ist die Artenzahl, weil eine ganze Reihe von Pflanzenarten eine häufige Mahd nicht vertragen. Durch die kurzen Schnittintervalle bilden sich in einem Rasen nur selten Blüten und kaum Samen. Zu den wenigen Ausnahmen, die selbst bei häufigem Schnitt zur Blüte kommen, zählen z. B. Einjähriges Rispengras (*Poa annua*), Gemeiner Löwenzahn (*Taraxacum officinale*) oder Weiß-Klee (*Trifolium repens*). Pflanzen, die flache Rosetten bilden oder sich mit Ausläufern vegetativ ausbreiten, werden durch häufiges Mähen kaum beeinträchtigt und machen deshalb den größten Teil des Pflanzenbestandes eines Vielschnittrasens aus. Diese artenarmen Rasenflächen haben den Vorteil, daß sie fast zu jeder Zeit

Vielschnitt-Rasenflächen besitzen bei intensiver Beanspruchung durchaus ihre Berechtigung

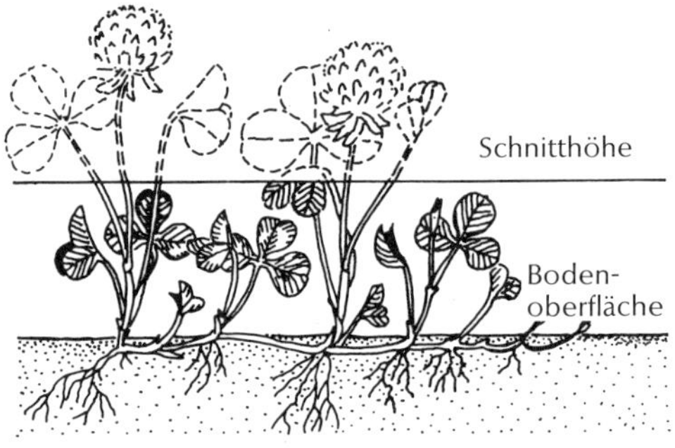

Weiß-Klee (*Trifolium repens*) – Beispiel einer kriechenden Rasenpflanze (nach SCHUPP, 1988)

Vorteile des Rasens sind:
- **ständige Begehbarkeit**
- **geringer Anfall von Mähgut durch häufiges Schneiden**

begehbar sind und sich für Sport, Spiel und andere Nutzungsmöglichkeiten eignen. Natürlich wird man in einem Garten auch solche Grünflächen haben wollen. In diesem Zusammenhang sei noch ein weiterer Vorteil erwähnt. Aufgrund der Schnitthäufigkeit fällt nur wenig Mähgut an, das nicht abtransportiert werden muß, sondern als Mulchschicht liegenbleiben kann. Diese fördert eine hohe Populationsdichte von Regenwürmern, die die vertrockneten Grashalme in den Boden hineinziehen. Regenwürmer wiederum sind eine wichtige Nahrungsquelle, z. B. für die in den Gartenanlagen vorkommenden und erwünschten Igel (*Erinaceus europaeus*), für Amseln (*Turdus merula*) und Stare (*Sturnus vulgaris*).

Die Fettwiesen sind der häufigste Wiesentyp in Mitteleuropa. Auch solche Wiesen lassen sich neben den erwähnten Rasenflächen noch in Gärten finden bzw. können bei entsprechender Pflege entstehen. Im Gegensatz zu einem Rasen ist die Wiese eine ausdauernde Pflanzengemeinschaft, in der die verschiedenen Gräser und Kräuter ihren Lebenszyklus bis zur Samenreife durchlaufen. Auf artenreichen Wiesen kann ein Vielfaches der Pflanzenarten eines Rasens vorkommen. Es gibt einige besonders für Fettwiesen und Rasen typische Gräser und Kräuter.

Die Artenzahl der Tierwelt einer Wiese ist ungefähr 10- bis 20mal so groß wie

Typische Gräser und Kräuter auf Fettwiesen und Rasen

Fettwiesen	Rasen
GRÄSER	GRÄSER
Gemeines Knaulgras *Dactylis glomerata*	Deutsches Weidelgras *Lolium perenne*
Glatthafer *Arrhenatherum elatius*	Einjähriges Rispengras *Poa annua*
Wiesen-Fuchsschwanz *Alopecurus pratensis*	
Wiesen-Rispengras *Poa pratensis*	
KRÄUTER	KRÄUTER
Gemeine Schafgarbe *Achillea millefolium*	Ausdauerndes Gänseblümchen *Bellis perennis*
Gemeiner Löwenzahn *Taraxacum officinale*	Breit-Wegerich *Plantago major*
Gemeines Hornkraut *Cerastium holosteoides*	Gemeiner Löwenzahn *Taraxacum officinale*
Scharfer Hahnenfuß *Ranunculus acris*	Weiß-Klee *Trifolium repens*
Weiß-Klee *Trifolium repens*	
Wiesen-Bärenklau *Heracleum sphondylium*	
Wiesen-Glockenblume *Campanula patula*	
Wiesen-Kerbel *Anthriscus sylvestris*	
Wiesen-Margerite *Leucanthemum vulgare*	
Wiesen-Sauerampfer *Rumex acetosa*	
Wiesen-Storchschnabel *Geranium pratense*	

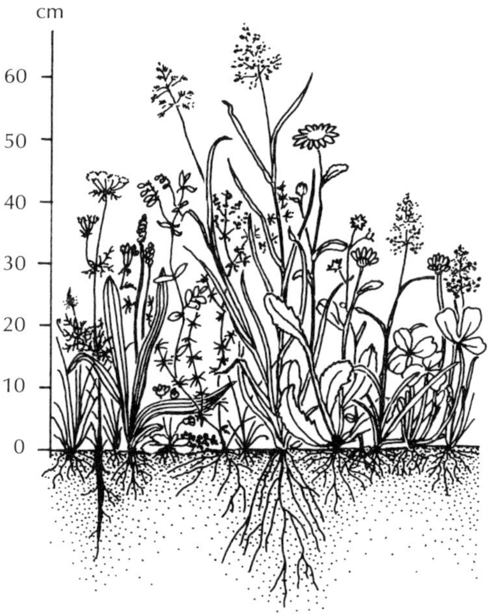

Wiesen sind ausdauernde Pflanzengemeinschaften (nach Wolf, 1989)

Zu den Wiesen gehören z. B.:
- **Magerrasen, 1mal mähen/Jahr**
- **Fettwiesen, 2mal mähen/Jahr**
- **Feuchtwiesen, 2mal mähen/Jahr**

Blumenreiche Gartenwiesen

Welche tierischen Bewohner eine Wiese beherbergt hängt u. a. von der Bestandesdichte, vom Angebot an Nahrungspflanzen und vom Schnittrhythmus ab

Falter bevorzugen den Nektar

Tagpfauenauge (*Inachis io*) mit Raupen an Nahrungspflanzen

die der Pflanzen, weil an einer einzigen Wiesenpflanzenart etwa 10 bis 20 verschiedene Tierarten leben können, von denen viele nicht besonders auffallen. Einige Tiergruppen bevorzugen Blumenwiesen als Lebensraum. Dies sind zunächst die Blütenbesucher wie Schmetterlinge, Bienen, Hummeln, Schwebfliegen, welche zu ihrer Ernährung Pollen und Nektar benötigen.
Beim zweiten Blick fallen verschiedene Raupen und andere Insektenlarven auf, die an den Blättern und in Stengeln fressen. Fast immer brauchen die Larven andere Nahrungspflanzen als die fortpflanzungsfähigen Insekten, die ohne Blütenbesuch nicht auskommen. Mit der Vielfalt der Wiesenpflanzen bedingt man also die Vielfalt der Insekten.

Ein weiterer Gesichtspunkt ist die Eignung einer Wiese als Lebensraum für Feldheuschrecken (*Acrididae*), jedem Kind als Grashüpfer (*Chorthippus* spec. u. a. Gattungen) bekannt. Weil ihr Lied vom Hochsommer bis in den Herbst hinein erklingt, kann man sich eine lange Zeit an ihrem Gesang erfreuen. Heuschrecken können aber nur dann auf Wiesen existieren, wenn diese höchstens zweimal im Jahr gemäht werden. Kurzrasige Wiesen sind für sie ungeeignet, schon allein deswegen, weil sie dort viel zu wenig Deckung vor insektenfressenden Vögeln haben.
Die nicht gemähte Wiese bietet im Sommer durch ihre Raumstruktur für einige andere Tiergruppen eine wich-

tige Lebensgrundlage. Das fällt besonders bei den Spinnen auf. Netzbauende Spinnenarten, wie z. B. die Radnetzspinnen (*Araneidae*), Kreuzspinnen oder die Baldachinspinnen (*Linyphiidae*) können ihre Netze nur dann bauen, wenn sie geeignete Pflanzen finden, an denen sie die Fäden befestigen können. Spinnen ernähren sich fast ausschließlich von Insekten und zählen zu den großen Nützlingen in der Gartenwelt.

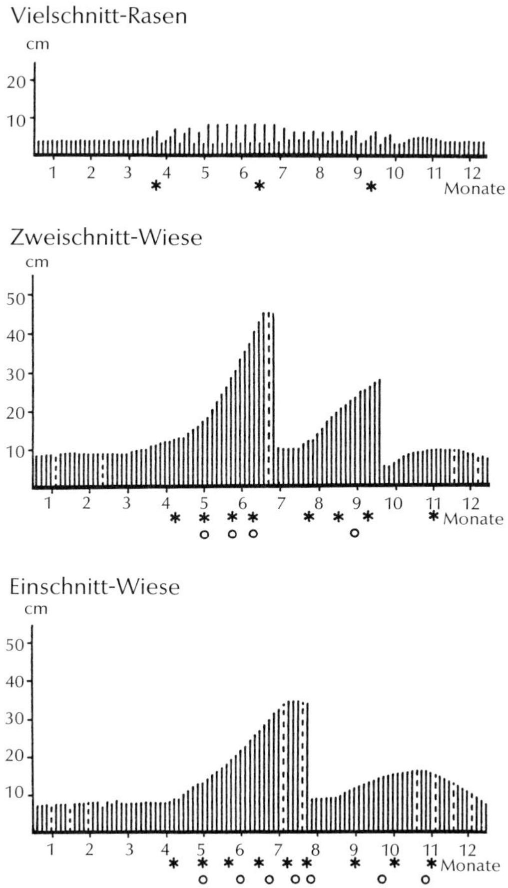

Blütenbildung (⋆) und Samenreife (○) sind abhängig von der Schnitthäufigkeit (nach WOLF, 1989)

Die meisten Spinnen eines Gartens sind in der Stengel- und Krautschicht zu Hause und bevorzugen deshalb wenig geschnittene Wiesen

Umwandlung bestehender Rasenflächen

Wenn man sich dafür entschieden hat, einen »gepflegten« Rasen in eine blumenreiche Gartenwiese umzuwandeln, wäre an eine Verringerung der Schnitthäufigkeit und an die Einsaat oder das Einpflanzen von Wiesenpflanzen zu denken. Natürlich ist eine Neuanlage von blumenreichen Gartenwiesen ebenso möglich.

Wege zur blumenreichen Wiese:
- **Verringerung der Schnitthäufigkeit**
- **Einpflanzen von Wiesenpflanzen**
- **Neuansaat**

Verringerung der Schnitthäufigkeit
Häufig geschnittene Wiesen (besser Rasen) werden 8- bis 12mal im Jahr gemäht. Durch dieses ständige Kurzschneiden können nur wenige Kräuter und Gräser zum Blühen kommen. Eine Verringerung der Schnitthäufigkeit und deren Abstimmung mit den Blühphasen der Wiesenpflanzen bringt einen ersten Erfolg. Die Frühjahrsmahd sollte beispielsweise erst nach der Blüte des Wiesen-Schaumkrautes (*Cardamine*

Das Mähen ist zwar ein Eingriff in den Lebensraum, aber gleichzeitig zur Erhaltung einer Wiese als solche notwendig

Die Mahd erfolgt, nachdem die meisten Kräuter geblüht haben

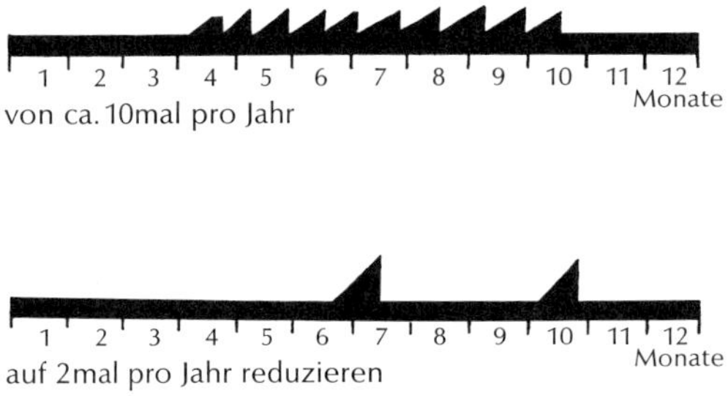

Schnitthäufigkeit (nach SCHUPP, 1988)

pratensis) erfolgen. Im weiteren Verlauf des Jahres darf man die Wiese erst dann mähen, wenn der überwiegende Teil der Kräuter und Gräser geblüht hat. Eine Schnitthäufigkeit von 4- bis 6mal pro Jahr führt zwischen den einzelnen Wiesenschnitten zu einer blumenreichen Pflanzenmischung. Andererseits bleibt die Nutzbarkeit als Spiel- bzw. Liegewiese für eine bestimmte Zeit nach jeder Mahd erhalten. Diese Möglichkeit ist vor allem in Gärten mit nicht so häufiger Benutzung der Wiese anwendbar, z. B. in Wochenendgärten, welche nicht regelmäßig besucht werden und wo sich eine Wiese ungestört über einen Zeitraum von wenigstens 4 Wochen entwickeln kann.

Ein dichter Pflanzenbestand beeinflußt das Wachstum der Neueinsaat negativ

Einsaat von Wiesenpflanzen

Eine zweite Möglichkeit, den Blütenreichtum einer Wiese zu erhöhen, ist das Einsäen von Wiesenpflanzen. Eine geschlossene Grasnarbe und eine Beschattung des Bodens in dichten Wiesen erweisen sich als ungünstig für das Keimen von Samen. Um eingebrachte Samen zu begünstigen, muß die Grasnarbe aufgerissen werden. Dieses »Aufreißen« erfolgt mit einer Hacke, einem Kultivator oder ähnlichen Geräten. Es sollten ca. 20 cm breite vegetationslose Stellen geschaffen werden. Diese können als Streifen, aber auch als unregelmäßig angelegte Flächen von ca. 1 m^2 Größe über die Wiese verteilt werden. Mit diesem vegetationsfreien Boden verschafft man den Keim- und Jungpflanzen einen Konkurrenz-

Eingesät wird am besten in vegetationslose Streifen oder Flächen

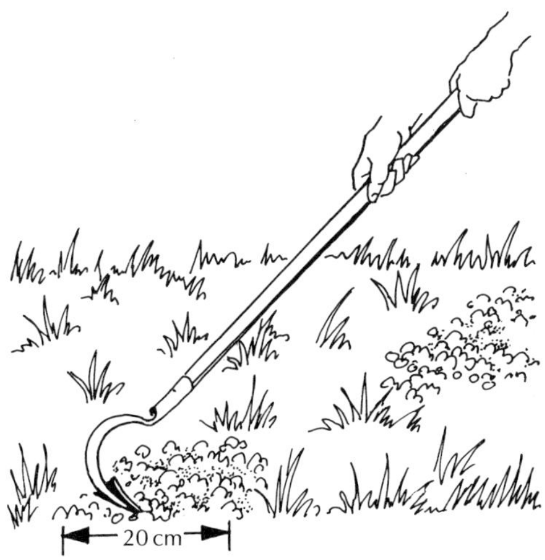

»Aufreißen« des Bodens

vorteil gegenüber den vorhandenen Pflanzen. Natürlich ist darauf zu achten, daß schon vorhandene blumenreiche Bereiche nicht zerstört werden. Die Einsaat erfolgt also in Bereichen, die einen hohen Anteil von Gräsern und einen geringen bzw. keinen Anteil von Kräutern aufweisen.

Die Auswahl der erwünschten Wiesenkräutersamen muß entsprechend den Standortbedingungen erfolgen. Die Samen werden, wenn überhaupt, nur sehr flach in den Boden eingearbeitet. Es ist günstig, die Einsaat nicht in eine kurz gemähte Wiese vorzunehmen, da die oben erwähnten vegetationslosen Stellen trocken werden würden und der Samen nicht keimt. Die Höhe der Wiese rund um die Einsaatstelle beträgt am besten ca. 10 bis 20 cm. Günstig ist eine leichte Mulchdecke aus sehr kurzem Wiesenschnittgut. Damit bedeckte Samen können gut keimen. Der Mulch darf aber keinesfalls zu dicht liegen.
Die erste Mahd erfolgt sorgsam und vorsichtig, weil die noch nicht fest verwurzelten Jungpflanzen durch unscharfe Mähgeräte oder unsachgemäßes Mähen sowie bei der anschließenden Entfernung des Mähgutes herausgerissen werden können.

Einpflanzen von Wiesenpflanzen
Das Einpflanzen von Wiesenpflanzen ist ein weiterer Weg, um in eine Wiese neue Pflanzenarten einzubringen. Dazu muß auch – wie bei der Einsaat –

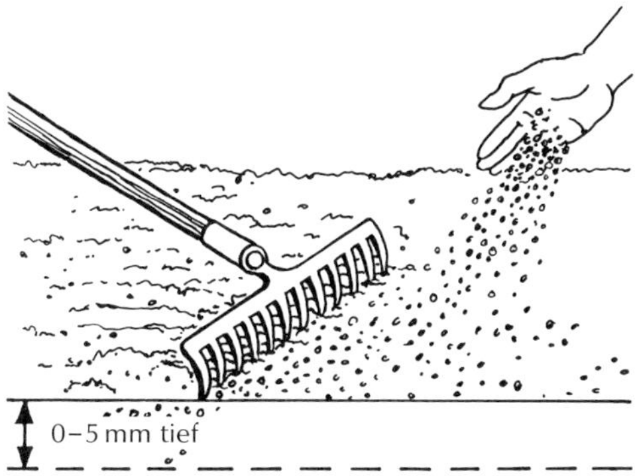

Samen werden nur flach eingearbeitet

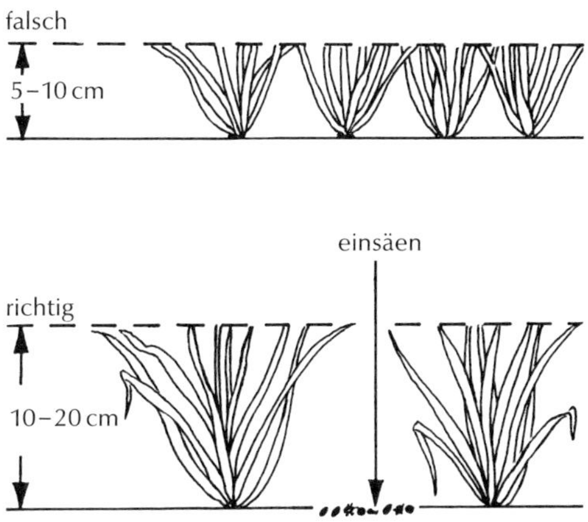

Wiese vor Einsaat nicht kurz mähen

Welche Samenmischung die richtige ist → »Neuanlage von blumenreichen Gartenwiesen«, S. 62

Bei großer Trockenheit ist das Bewässern vor der Einsaat ratsam

Unscharfe Mähgeräte können Jungpflanzen herausreißen

Blumenreiche Gartenwiesen

Bei kleineren Flächen läßt sich die Vielfalt der Wiesenpflanzen durch Einpflanzen erhöhen

Arten, die sich zum Einpflanzen in Wiesen eignen

Deutscher Name	Wissenschaftlicher Name
Gemeine Schafgarbe	*Achillea millefolium*
Rundblättrige Glockenblume	*Campanula rotundifolia*
Wiesen-Glockenblume	*Campanula patula*
Wiesen-Margerite	*Leucanthemum vulgare*
Wiesen-Storchschnabel	*Geranium pratense*

Ausreichende Bodenfeuchtigkeit und bedeckter Himmel gewährleisten gutes Anwachsen

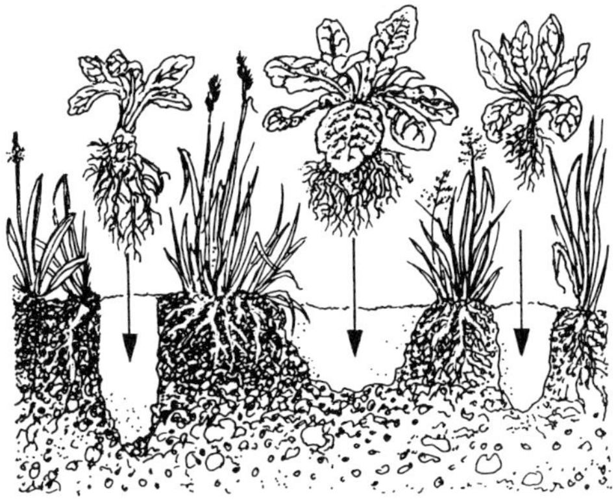

Einpflanzen der Wiesenpflanzen bei feuchtem Wetter (verändert nach STEINBACH, 1992)

Den Stickstoffgehalt des Bodens kann man mit einem »Schnelltest« bestimmen, der in Gartenfachmärkten erhältlich ist

das bestehende Konkurrenzverhalten der Pflanzen beachtet bzw. verändert werden. Die Gewinnung der Pflanzen erfolgt durch eine gesonderte Anzucht z. B. auf Beeten oder im Blumentopf, den Kauf in einer Gärtnerei oder die Entnahme aus einer Wiese. Hierbei ist zu beachten, daß eine Entnahme von Pflanzen aus Schutzgebieten sowie eine Entnahme von geschützten Pflanzen gesetzlich verboten sind.

Das Pflanzgut muß unverzüglich gepflanzt werden. Am günstigsten ist das Ausbringen bei feuchten Wetterlagen in nicht kurzgeschorene Wiesen. Pflanzt man mehrere Pflanzen einer Art, ist eine gruppenweise Anordnung zu bevorzugen. Die Pflanzen werden mit einem möglichst großen Wurzelballen in die Wiese eingesetzt. Eine Tiefenlockerung ist nicht nötig. In der Regel reichen das Öffnen der bestehenden Grasnarbe, das Hineinsetzen der Pflanzen und anschließendes richtiges Festtreten aus, um ein Anwachsen am neuen Standort zu gewährleisten. Bei trockenen Wetterlagen empfiehlt sich das Angießen.

Neuanlage von blumenreichen Gartenwiesen

Die Neuanlage von blumenreichen Gartenwiesen empfiehlt sich auf mehr oder weniger vegetationslosen Flächen wie ehemaligen Beeten oder Bauland. Günstig ist es dabei, nährstoffarme (besonders stickstoffarme) Böden zu bevorzugen. Ein Einebnen der Flächen erfolgt nur soweit, daß ein problemloses Mähen möglich ist. Kleinere Hügel, Mulden oder Rinnen erhöhen das Angebot an Kleinstandorten. Der Boden muß möglichst gut abgesetzt und krümelig sein, d. h. nicht frisch umgegraben. Gegebenenfalls kann man auch einen Teil der nährstoffreichen obersten Humusdecke abtragen, um einen nährstoffärmeren Boden zu bekommen. Diese Humusdecke kann auf dem Komposthaufen endgültig verrotten.

Steine ablesen, Boden nur grob einebnen

Das beste Verfahren zum Neuanlegen von blumenreichen Gartenwiesen ist, die für die Wiese vorgesehene Fläche einfach ohne weitere Behandlung liegen zu lassen (»Sich-selbst-überlassen«). Über das Stadium der Brache mit vielen einjährigen Wildkräutern kommt man Schritt für Schritt zu einer Wiese. Je nach den persönlichen Neigungen kann man diese natürliche Entwicklung behutsam steuern, indem man mäht, abschneidet, ausreißt, sät, pflanzt und anderes mehr. Schon im ersten Brachejahr wird diese Fläche weitgehend mit Pflanzen bewachsen sein. Die Zusammensetzung der Pflanzenarten kommt jedoch erst nach frühestens 10 bis 15 Jahren der einer Wiese nahe.

Wer diese Geduld nicht aufbringen kann und aktiv eingreifen will, entscheidet sich für eine Aussaat von gekauften Wiesenblumenmischungen.

Sich selbst überlassene Flächen besiedeln zwar langsam, aber dafür mit zahlreichen Wildkräutern

Nährstoffreicher Boden wird mit dem Spaten abgetragen

Von gekauften Saatgutmischungen bleiben nur wenige Pflanzenarten übrig, die dann den Wiesenbestand bilden

Blumenreiche Gartenwiesen

Geeignete Gräser und Kräuter für blumenreiche Wiesen

Deutscher Name	Wissenschaftlicher Name
Gräser	
Echter Schaf-Schwingel	*Festuca ovina*
Gemeines Knaulgras	*Dactylis glomerata*
Wiesen-Rispengras	*Poa pratensis*
Kräuter	
Gemeine Schafgarbe	*Achillea millefolium*
Scharfer Hahnenfuß	*Ranunculus acris*
Wiesen-Bärenklau	*Heracleum sphondylium*
Wiesen-Bocksbart	*Tragopogon pratensis*
Wiesen-Kerbel	*Anthriscus sylvestris*
Wiesen-Margerite	*Leucanthemum vulgare*
Wiesen-Sauerampfer	*Rumex acetosa*
Wilde Möhre	*Daucus carota*

Man darf sich allerdings nicht wundern, wenn von den ausgesäten Arten nur wenige in der »Dauerwiese« übrigbleiben. Die Standortansprüche der ausgesäten Arten sind zu verschieden, als daß sie sich alle gleichermaßen ansiedeln könnten.

Das totale Austrocknen des Saatbettes ist zu vermeiden

Es empfiehlt sich, besonders die Gräser nicht zu dicht zu säen, damit auch zusätzlich vom Wind angewehte Samen keimen können. Die auszusäenden Samenkörner können mit etwas feuchtem Sand vermischt ausgebracht werden. Dadurch wird eine bessere Verteilung auf der Fläche erreicht. Ein Einarbeiten von feinkörnigem Saatgut, wie z. B. Margeriten (*Leucanthemum*) und Glockenblumen (*Campanula*), ist nicht empfehlenswert. Obwohl das Saatbett nicht völlig austrocknen darf, sind weder Beregnen noch Gießen günstig, weil zu stark gegossene Jungpflanzen ihr Wurzelsystem vor allem in der Nähe der Bodenoberfläche entwickeln. Bei späterer starker Sommertrockenheit ist dieser Oberboden auch durch Gießen nicht ständig feucht zu halten. Alle Pflanzen, deren Wurzeln nicht bis in tiefere Bodenschichten reichen, vertrocknen. Dieser Gefahr kann man durch die richtige Wahl des Aussaatzeitpunktes entgegenwirken. Günstig sind der späte Herbst (bis Anfang Oktober) oder das zeitige Frühjahr (bis Anfang April). Bei Herbstaussaaten keimen außerdem jene Arten, die einen Kältereiz zur Keimung benötigen, sogenannte Frostkeimer, besonders gut.

Durch das Einarbeiten feinkörnigen Saatgutes wird das Keimen erschwert oder ganz verhindert

Zusätzliche Wassergaben hemmen das Wurzelwachstum

Der richtige Aussaattermin ist ein wichtiges Kriterium

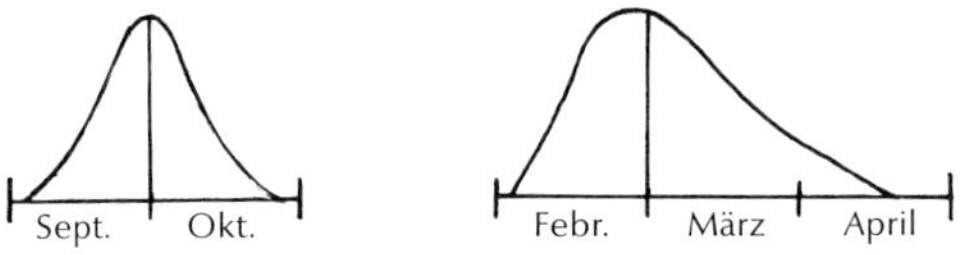

Richtigen Aussaatzeitpunkt wählen

Neuanlage blumenreicher Gartenwiesen

Schwierigkeiten bereitet sehr oft die Auswahl der richtigen Wiesenblumenmischung. Viele der im Handel angebotenen Mischungen enthalten einjährige Wildkräuter, u. a. Klatsch-Mohn (*Papaver rhoeas*), Kulturformen der Kornblume (*Centaurea*) oder Gartenblumen (z. B. Bart-Nelke, *Dianthus barbatus*). Diese Pflanzen können sich in einer blumenreichen Gartenwiese nicht halten, weil die einjährigen Wildkräuter zum Keimen umgegrabenen Boden benötigen. Zierformen der Gartenblumen gehören außerdem ins Blumenbeet und nicht auf eine Wiese. Man sollte also beim Kauf der Wiesenblumenmischung darauf achten, daß sie wirklich nur Wiesenblumen enthält.
Am günstigsten ist es jedoch, wenn man sich bei einem Bauern Heublumensamen besorgt. »Heublumen« sind diejenigen Teile des Heus, welche auf dem Heuboden nach der Verfütterung als Kleinmaterial übrigbleiben. Darin sind viele Gräser- und Kräutersamen enthalten. Etwa 50 Gramm pro Quadratmeter kann man – evtl. mit feuchtem Sand vermischt – locker über die zu säende Fläche streuen.

Eine weitere Möglichkeit ist das Ausbringen von samenhaltigem Aufwuchs. Als »Spender« wird eine artenreiche Wiese ausgewählt, die der »Empfänger-Fläche« in den Standortbedingungen ähnelt. Nach der Mahd der »Spender-Wiese« wird das Mähgut sofort auf die »Empfänger-Fläche«

Zur Aussaat eignen sich Wiesenblumenarten

Am besten eignen sich Wiesenblumenmischungen ohne Gartenblumen

Saatmenge = 50 g/m² Heublumensamen

»Spender-Wiese« liefert Samen, die auf der »Empfänger-Fläche« keimen sollen

Blumenreiche Gartenwiesen

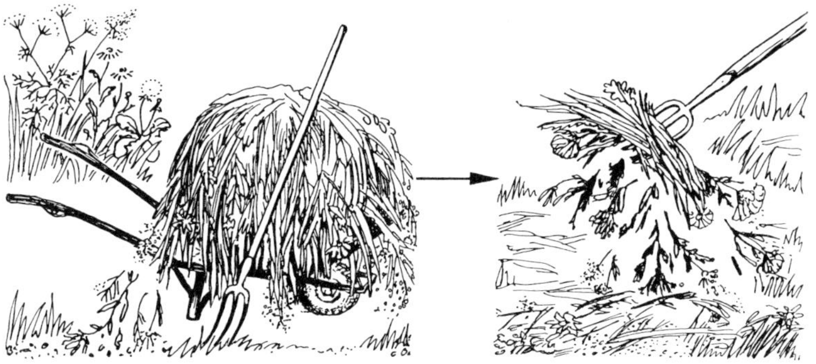

Spender-Fläche   Empfänger-Fläche

transportiert und locker über diese verteilt. Der Zeitpunkt der Mahd wird so gewählt, daß der überwiegende Teil der Samen vor der Ausreife steht. Das auf der »Empfänger-Fläche« ausgebrachte Mähgut kann 2- bis 3mal gewendet werden, damit die Samen durch die Trocknung nachreifen und ausfallen können. Das ausgebrachte Mähgut wird, um die Nährstoffanreicherung zu vermindern, nach ca. 2 Wochen entfernt. Es empfiehlt sich, hierzu eine feuchte Wetterlage abzuwarten, damit die schon gekeimten Samen nicht vertrocknen.

Auch »Blumenwiesen« brauchen ein Mindestmaß an Pflege

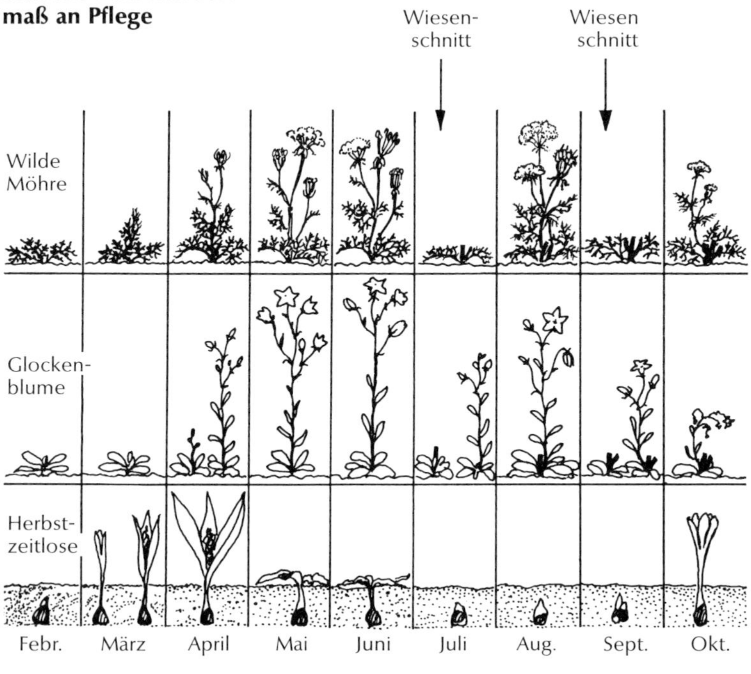

Wiesenschnitt nach der Samenreife
(verändert nach Zucchi, 1988)

Wiesenpflege

Die Pflege von blumenreichen Wiesen beschränkt sich auf das Mähen und die Entfernung des Schnittgutes. Zur vollen Entfaltung kommen Wiesenblumen erst dann, wenn nach der Samenreife gemäht wird. Die Kräuter können dadurch die ganze Schönheit ihrer Blüten entfalten. Diese und auch die Samen stehen den Tieren des Gartens als Nahrung (Pollen und Nektar z. B. für Schmetterlinge, Hummeln, Wildbienen; Samen für Vögel) zur Verfügung. Deshalb mäht man am besten das erste Mal ab Mitte Juni bis August und gegebenenfalls noch einmal im Herbst (Mitte bis Ende September). Diese Mahd darf nicht zu spät vor dem Winter erfolgen, da die Pflanzen ausreichend Zeit haben müssen, um noch einmal Blätter zu treiben. Sie lagern die Photosyntheseprodukte als Reservestoffe für den Austrieb im nächsten Frühjahr in ihre Wurzeln ein.

Artenreiche magere Wiesen werden nur einmal im Jahr (Juli/August) gemäht. Bei geringem Aufwuchs reicht sogar eine Mahd alle 2 Jahre.
An Hängen und am Hangfuß werden durch den Wasserfluß ständig Nährstoffe eingeschwemmt. Die so entstandenen, nährstoffreichen Fettwiesen müssen 2- bis 3mal pro Jahr geschnitten werden. Die erste Mahd erfolgt hier im Juni bis Mitte Juli, die zweite bis Mitte/Ende September. Je nach Wüchsigkeit der Wiese kann noch eine Mahd im August eingeschoben werden.
»Dauerwiesen«, welche als Liege- oder Spielwiese dienen, werden je nach Nutzungsbedarf gemäht. Nach etwa einem Jahrzehnt entwickelt sich an solchen Standorten eine durch häufigen Schnitt und die höhere Trittbelastung artenärmere Wiese.
Wiesen unter Obstbäumen dürfen nicht zu mager sein, da die Obstbäume nährstoffreiche Böden verlangen. Deshalb sind 2 bis 3 Schnitte pro Jahr und eine gelegentliche Düngung mit Stallmist oder Jauche zu empfehlen. Die erste Mahd erfolgt im Juni/Juli. Den Zeitpunkt des zweiten bzw. letzten Schnittes sollte man mit der Obsternte abstimmen. Es erweist sich als günstig, wenn die Wiese schon gemäht ist, bevor etwa ab Ende August/ September das Fallobst herunterfällt,

Magerrasen

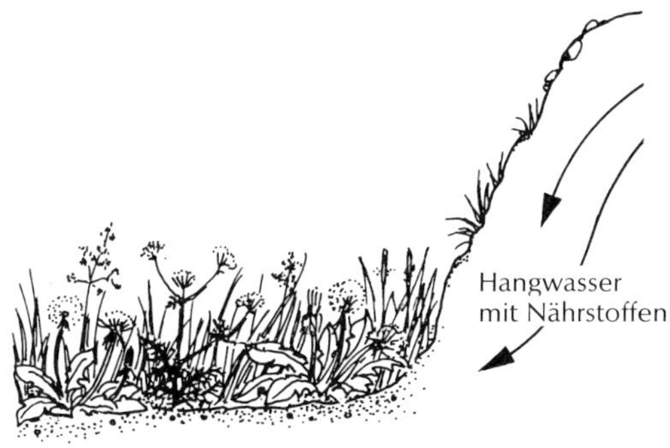

Fettwiesen

»Nutzwiesen«

»Obstwiesen« dürfen nicht zu nährstoffarm sein, weil sonst die Obstbäume nicht gedeihen

Wenn »Obstwiesen« als Weide für Schafe oder Ziegen genutzt werden, müssen die Baumstämme gegen Verbiß oder Abschälen der Rinde geschützt werden

Bei neuangelegten Wiesen kann man bereits im 2. Jahr einen vorsichtigen ersten Schnitt wagen

Wiesenmahd mit der Sense

Maulwurfshügel und Ameisenhaufen werden erst im Herbst eingeebnet

Der Kompromiß zwischen »Fußballrasen« und blühender Wiese heißt Rasenpfade

Blumenreiche Wiese

Rasenpfade anlegen

denn sonst wird das Sensen sehr beschwerlich.

Zum Mähen empfiehlt sich eine Sense oder ein Balkenmähgerät, da man mit einem Rasenmäher im hohen Gras ohnehin nicht viel ausrichten kann. Die beste Schnitthöhe liegt zwischen 10 und 20 cm. Dadurch werden die Kräuter etwas geschont. Außerdem verursacht man mit einer Sense bedeutend weniger Lärm und hat zusätzlich den Vorteil gesunder körperlicher Arbeit. Kleinere Wiesenflächen können auch mit einer Sichel geschnitten werden.

Ameisenhaufen sollten beim Mähen umgangen werden. Sie lassen sich wie auch Maulwurfshügel gegebenenfalls im Spätherbst einebnen. Auf diese Weise schafft man auch wieder vegetationslose Stellen auf der Fläche, welche den zu dieser Jahreszeit keimenden Wiesenpflanzen günstige Entwicklungsbedingungen bieten können.

In den meisten Gärten wird man die Wiese an verschiedenen Stellen regelmäßig betreten wollen. Hier kann man Streifen in der Wiese öfter mähen und somit »Rasenpfade« anlegen. Diese kurzrasigen Flächen machen die Wiese auch zu »Besichtigungen« und Beobachtungen begehbar.

Das Mähgut muß nach jeder Mahd entfernt werden, da ansonsten durch die Verrottung der Gräser und Kräuter die Nährstoffe auf der Wiese verbleiben würden, obwohl blumenreiche Wiesen armen Boden bevorzugen, um eine besonders große Artenvielfalt entwickeln zu können.

Auf krautreichen Wiesen sollte das Gras getrocknet, also Heu gemacht werden. Es empfiehlt sich, die Trocknung und das Wenden auf solchen Wiesenabschnitten durchzuführen, wo noch wenige Kräuter wachsen. Die ausfallenden Samen können sich dann gerade an diesen Stellen ansiedeln. Wenn man kein Heu benötigt, sollte das Gras trotzdem vor dem Kompostieren auf der Fläche getrocknet werden, damit Samen ausfallen können. Es versteht sich von selbst, daß blumenreiche Wiesen im Garten nicht gedüngt werden dürfen. Auch eine Kalkung ist abzulehnen, da sich dadurch der pH-Wert verändert, wodurch eine ungewollte Änderung des Pflanzenartenspektrums bewirkt wird. Jede Art von Düngung steht dem Ziel einer in sich stabilen (und nicht ständig wechselnden) standortgemäßen Pflanzengemeinschaft entgegen.

Bei einem genügend großen Garten bleibt wenigstens ein Teil der Wiese im Herbst völlig ungemäht. Viele Wiesenpflanzenarten haben im Sommer oder Herbst Samen erzeugt, die eine wichtige Nahrungsgrundlage für Vögel sein können. Der Stieglitz (*Carduelis carduelis*) beispielsweise ernährt sich gern von den Samen in den Distelköpfen. Auch Grassamen werden von Vögeln aufgenommen. Einige Insektenarten

Heuernte

Aus dem langhalmigen Heu können Kinder tolle Hütten bauen

Ein Teil der Wiese wird im Herbst nicht gemäht

Düngen unterbleibt grundsätzlich, um die bestehende Pflanzengemeinschaft nicht zu verändern und artenärmer werden zu lassen

Besonders im Herbst und Winter sind viele Insekten und Vögel dankbar für eine ungemähte Wiese

Wer für den anfallenden Grasschnitt keine Verwendung hat, kann ihn genauso wie Laub verrotten lassen

Ein Schattenplatz in der Gartenecke ist für die Heurotte am besten

Igel finden Unterschlupf unter Holzhaufen mit dazwischenliegendem Grasschnitt

leben von und in Samenkapseln und überwintern in stehenden hohlen Stengeln. Solche ungemähten Wiesenabschnitte werden erst nach dem Winter beim ersten Wiesenschnitt mit geschnitten.

Heurotte

Das gemähte Gras der Wiese wird halbtrocken an einer schattigen Stelle zur Verrottung aufgetürmt. Diese Heurotten können durch das Dazwischenlegen von Zweigen luftdurchlässig und locker gehalten werden. Im Laufe der Jahre wird das Heu durch sich ansiedelnde Mikroorganismen zersetzt, so daß keine riesigen Heuberge entstehen.
Mit dem im Garten anfallenden Laub verfährt man ähnlich. Es sollte aber besser als dicke Mulchschicht im Herbst unter den Gehölzen oder auf den Beeten liegenbleiben.
Aufgeschichtete Laub- und Heuhaufen bieten ein hervorragendes Winterquartier für Amphibien, die im Gartengewässer herangewachsen sind (Erdkröte, Teichmolch). Aber auch Eidechsen, Blindschleichen, Igel oder verschiedene Insekten (z. B. Hummelköniginnen, Marienkäfer) überwintern gerne in solchen Haufen.

Lange nicht gemähte Wiesen werden von Gemeinem Beifuß (*Artemisia vulgaris*) und Rainfarn (*Tanacetum vulgare*) besiedelt, die vielen Insektenarten Lebensmöglichkeiten bieten

Lebensräume mit Steinen

Ein weiterer Weg zur Erhöhung der Artenvielfalt ist über die Gestaltung der Bodenoberfläche des Gartens möglich. Lebensräume mit Steinen prägen das Gartenrelief und können den sich dort ansiedelnden Tieren und Pflanzen sonst fehlende Lebensbedingungen bieten. Sanfte Erhebungen geben auch dem kleinsten Garten ein plastisches Bild.
Im »klassischen« Steingarten werden oft mit übertriebenem Aufwand standortfremde Pflanzen kultiviert. Diese Steingärten können zwar schön aussehen, in einen Naturgarten gehören sie aber nicht. Dieses Kapitel soll zu einer vielfältigen Verwendung von Natursteinen im Garten Mut machen. Es werden Möglichkeiten aufgeführt, wie man mit Mauern, Steinhaufen, einzelnen Steinen, Stein-, Kies- oder Sandbeeten sowie einer sinnvollen Gartenweggestaltung einen besonderen Lebensraum für Pflanzen und Tiere schaffen kann. Für die Gestaltung des steinigen Elementes im Naturgarten sollte man sich und der Natur Zeit lassen. Diese Zeit ist notwendig, um Material zu sammeln, um zu erproben und zu ergänzen. Die Pflanzen benötigen ebenfalls Zeit, um sich auf diesen nährstoffarmen Standorten anzusiedeln. Es ist selbstverständlich, daß in einem naturnahen Garten in der Umgebung vorkommende Steine bevorzugt werden. Entsprechend regionaler Vorkommen stehen verschiedene Natursteine zur Verfügung, die z. B. zum Aufbau einer Mauer Verwendung finden. Dazu eignen sich u. a. Porphyr, Kalkstein, Sandstein, Schiefer oder Basalt.

◁ Optimal mit Mauerpflanzen bewachsene Natursteinmauer

Lebensräume mit Steinen

Für eine Mauer finden möglichst Natursteine Verwendung

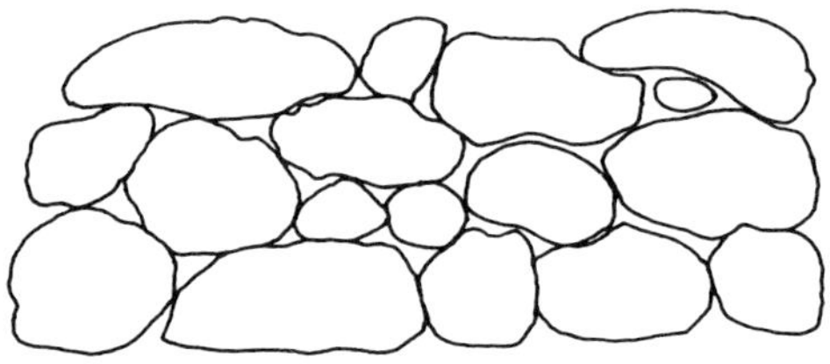

Mauer aus unbehauenen Natursteinen (sog. Lesesteinmauer)

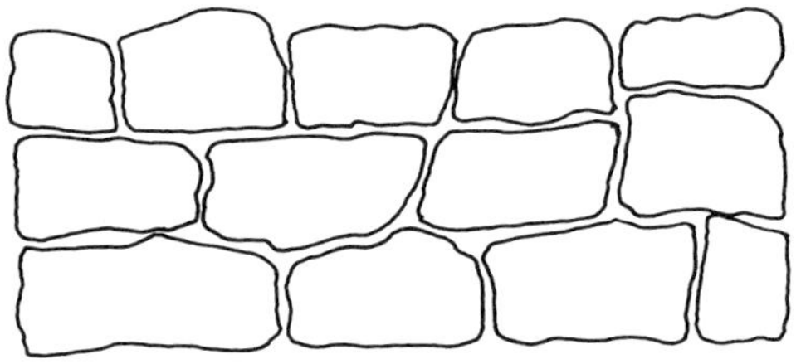

Mauer aus behauenen Natursteinen

Habitat = Lebensstätte oder Standort einer Tier- bzw. Pflanzenart

Biotop = Lebensraum einer Lebensgemeinschaft

Mikrophyten sind pflanzliche Kleinlebewesen

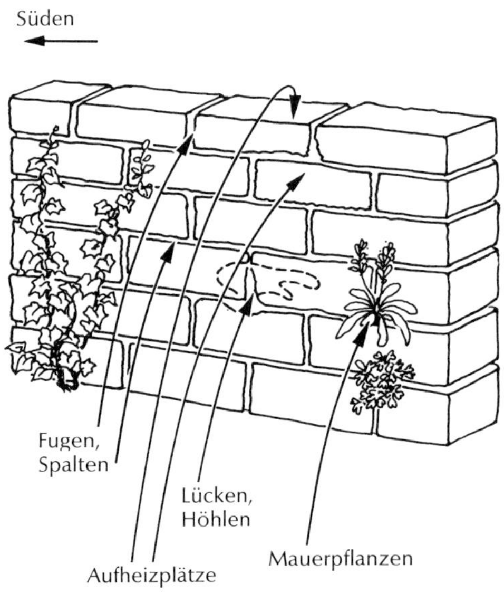

Verschiedene Lebensbereiche einer Mauer (verändert nach Plachter, Reich, 1989)

Mauer als Lebensraum

Eine Mauer ist ein ganz besonderer Biotop, der normalerweise nicht zur Grundausstattung eines kleineren Gartens gehört, aber spezifischen Pflanzen- und Tierarten Lebensräume bietet. Optimal sind Gartenmauern aus behauenen oder unbehauenen Natursteinen, die meist ohne Mörtel aufgeschichtet werden. Ein solches »Steingebilde« erweist sich als ein kompliziert aufgebautes Mosaik verschiedener Kleinlebensräume, die je nach Alter, Substrat, Lückigkeit und Exposition der Mauer eine oft reichhaltige Flora und Fauna beherbergen.

In Abhängigkeit von Exposition (Aufheizung durch das Sonnenlicht), Material, Oberflächenbeschaffenheit (Rauhigkeit) und Neigung dienen Mauern als Habitate für verschiedene Tierarten. Wichtig ist die sich infolge des Alterns vergrößernde Strukturvielfalt. In den Mauerfugen und Spalten findet mit zunehmendem Alter eine »Bodenbildung« (Feinstaub, Humus) und die Ansiedlung von Algen, Flechten, Moosen und höheren Pflanzen statt. Meist sind diese Habitate nährstoff- und wasserarm, der oft hohe pH-Wert bei neu gebauten Mauern sinkt allmählich ab. Freistehende, z. T. bewachsene Mauern weisen eine besonders hohe Anzahl von verschiedenen Lebensbereichen auf: Blüten der Mauervegetation, Efeu, Moose, Flechten, Mikrophyten und Lückensysteme wie Nischen, Spalten, Höhlen, wobei erhebliche Unterschiede zwischen Mauerkrone und Mauerfuß bestehen und deshalb ganz unterschiedliche Pflanzen wachsen. Das Mosaik dieser Mikrohabitate wird zusätzlich durch einen von der Exposition und dem Material abhängigen Gradienten, z. B. Feuchtigkeit zwischen Fuß und Mauerkrone beeinflußt.

Nach ihrer Herkunft sind die in diesem Habitat lebenden Tiere vielfach primäre Felsbewohner, Bewohner von Steilaufschlüssen, Ufer-Blockschutthalden oder Höhlen. Alte Mauern besitzen vielfältige ökologische Funktionen:

- Nistplatz (z. B. für Wildbienen, Grabwespen, Ameisen),
- Überwinterungsort (z. B. für Marienkäfer),
- Jagdgebiet (z. B. für Grabwespen, Schlupfwespen, Ameisen, Laufkäfer, Raubfliegen, Spinnen),
- Aufheizplatz bzw. »Platz zum Sonnen« (z. B. für Fliegen, Wildbienen, Grabwespen, Käfer, Reptilien),
- Tages- und Nachtversteck (z. B. für diverse Gliederfüßer und Fledermäuse),
- Rendezvous-Platz (z. B. für Wildbienen, Grabwespen).

Für die meisten der genannten Tierarten stellen die Mauern lediglich Teilhabitate dar. An und in alten Mauern können bis zu 250 verschiedene Tierarten räumlich und zeitlich getrennt voneinander leben. Dabei kommt dem Lückensystem besondere Bedeutung zu.

Gradient = allmähliche Änderung eines Umweltfaktors innerhalb eines Lebensraumes

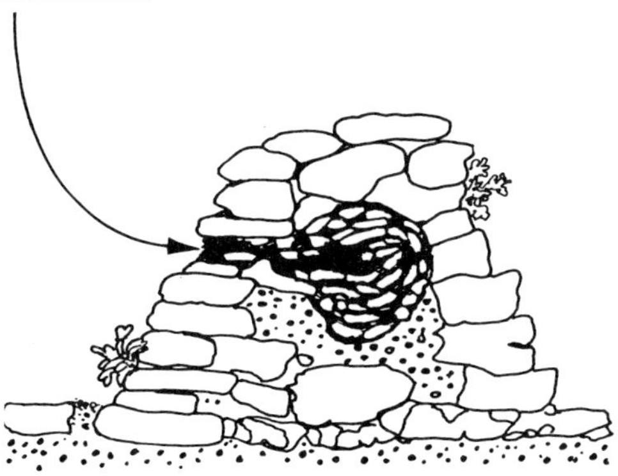

Exposition = Lage eines Standortes zur Himmelsrichtung

Für viele Pflanzen sind Mauern ein beliebter Lebensraum

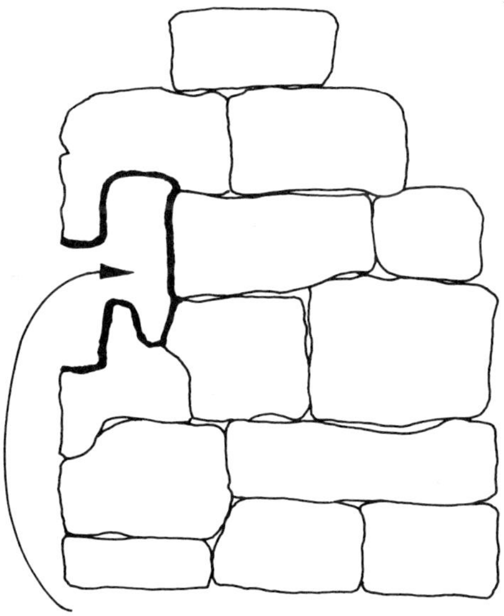

Künstlich angelegte, trockene Mauerhöhle

Mauerhöhlen können von selbst entstehen oder beim Aufschichten der Mauer angelegt werden

Lebensräume mit Steinen

Die wichtigsten Bewohner von Mauern und Hauswänden aus Holz und Lehm:
- **Grabwespen (*Sphecidae*)**
- **Mauerbienen (*Osmia*)**
- **Maskenbienen (*Hylaeus*)**
- **Seidenbienen (*Colletes*)**

Mauern sind Lebensraum für
- Eidechsen (*Lacerta* spec.)
- Hummeln (*Bombus* spec.)
- Ameisen (*Formicidae*)
- Laufkäfer (*Carabidae*)

Alte Fachwerkhäuser mit Lehmwänden sind ideale Lebensräume für Hautflügler

Lehmwand als Brutstätte für Wildbienen und Grabwespen

Für ursprünglich an Felsen oder an Baumstämmen jagende Spinnenarten stellen Mauern einen durch die Struktur und die Temperaturverhältnisse ähnlichen Ersatzlebensraum dar. Da besonnte Wände Lande- und Ruheplatz vieler Insekten sind, verwundert es nicht, wenn sich mitunter zahlreiche Individuen der hier bevorzugt lebenden Springspinnen (*Salticidae*), z. B. die auffällig gezeichnete Harlekinspinne (*Salticus scenicus*), an solchen Orten versammeln.

In Gärten erlangen Mauern besondere Bedeutung als Nistplätze für bestimmte Arten der Hautflügler, da diese ihre Nester in den Fugen zwischen den Steinen anlegen können. Die wichtigsten Vertreter sind verschiedene Wildbienenarten, wie die Mörtelbiene (*Chalicodoma parietinum*), die Seidenbienen (*Colletes* spec.), aber auch einige Grabwespenarten (*Sphecidae*), die ihre Brutgänge ursprünglich in Fels- und Lehmwänden anlegen und deshalb an manchen Hauswänden entsprechende Voraussetzungen finden. Geeignete Mauern bzw. Holz- und Lehmteile von Häuserwänden werden ebenfalls von Mauerbienen (z. B. *Osmia rufa*), Blattschneiderbienen (*Megachile*) und verschiedenen Maskenbienen (*Hylaeus* spec.) als Nistplatz ausgewählt. Alle diese Arten ernähren sich von den Pollen der in Gärten, auch in Blumenkästen, Mauerritzen und auf Dächern häufig vorkommenden Mauerpfefferarten (*Sedum*). Die Seidenbiene wählt für die Anlage ihrer Nester ursprünglich Sandwände und Sandstein (südexponierte Steilhänge). Entsprechende Substrate (grober Sand, schwache Zementierung bzw. mäßige Kohäsion) findet sie unter Umständen auch an Mauern.

Wildbienen (*Apoidea*) und Grabwespen (*Sphecidae*) wohnen gerne in Mauerfugen und ziehen in eigens dafür angelegten Röhren ihre Larven groß. Zwischen den Wildbienen und den Grabwespen besteht ein grundsätzlicher Unterschied. Die Wildbienen ernähren ihre Larven meist mit einem Pollen-Nektar-Gemisch oder anderer pflanzlicher Nahrung, die Grabwespen hingegen mit Insekten bzw. einige Arten mit Spinnen, die sie mit einem Stich betäuben und in die Röhren schaffen. Dort belegen sie die Nahrung mit einem Ei, und die Larve ernährt sich dann von der »Frischkonserve«. Viele dieser Arten sind in der freien Natur selten zu sehen, weil zu wenige geeignete Nistplatzangebote vorliegen. Wir können also mit unserer Gartenmauer zur Erhaltung solcher gefährdeter Arten beitragen. Außerdem ist die Beobachtung des Lebens und Treibens der Wildbienen und Grabwespen eine interessante Beschäftigung und dazu geeignet, Kinder schon zeitig mit den Wundern der Natur vertraut zu machen.

Auch für andere Tiere kann eine solche Mauer ein geeigneter Lebensraum

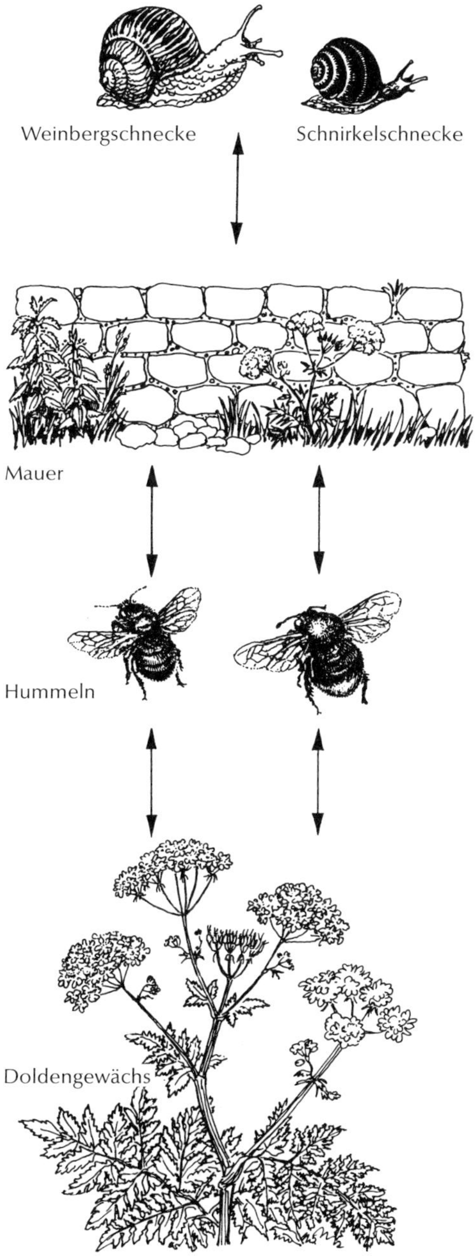

Wechselbeziehung zwischen verschiedenen Lebensräumen

Sogar Fledermäuse, z. B. die Zweifarbfledermaus (*Vespertilio murinus*), suchen sich Mauerspalten als Wochenstube

Wildbienen und Grabwespen sind in freier Natur durch fehlende Nistplätze bedroht

Es gibt sogar Wildbienen, die als »Kuckucksbienen« ihre Eier in die Nester anderer Wildbienen legen und ihre Larven von diesen aufziehen lassen

Wenn es in der Umgebung Schnecken gibt, besiedeln mit der Zeit auch Gehäuseschnecken die Mauer

Das Umsiedeln von Schnecken erfordert fachmännischen Rat

Häufig siedeln sich Mauerpflanzen von selbst an

Flora und Fauna bedingen einander

Pflanzen aus dem Umgebungsbereich der Mauer

sein, man denke z.B. an Gehäuseschnecken, die in Gärten gewöhnlich nur selten vorkommen, meist schon deswegen, weil der für die Erhaltung und den Aufbau ihres Gehäuses notwendige Kalk vielfach nur in geringem Maße vorhanden ist. Mit der Fugung der Mauer wird aber diese wichtige Substanz zur Verfügung gestellt. Schnecken werden sich im Gegensatz zu den Wildbienen und Grabwespen erst sehr spät nach dem Aufrichten einer Mauer ansiedeln. Man könnte es mit der künstlichen Ansiedlung kleiner Kolonien probieren, deren Grundstock aus dem Freiland stammt. Vor dem Umsetzen fragt man besser einen Fachmann, damit der vorgesehene Lebensraum auch den Bedürfnissen der Schnecken entspricht und die richtigen Arten ausgewählt werden. Wenn die empfohlenen Arten in der Umgebung vorkommen, dort aber nur an wenigen Standorten leben können, dann bedeutet die Schaffung zusätzlicher Lebensräume Hilfe bei der Erhaltung dieser Arten und eine Bereicherung des Gartens mit einem weiteren Naturelement.

Manche der in den Ritzen und Spalten von Mauern wachsenden Pflanzen sind durch die Einschränkung oder Vernichtung ihrer natürlichen Standorte gefährdet. Es gibt einige Mauerpflanzen, welche sich leicht selbst ansiedeln bzw. ansiedeln lassen.
Die besondere Flora einer Mauer zieht eine spezifische Tierwelt nach sich. Ei-

nige Tierarten sind aufgrund der Seltenheit bestimmter Mauerpflanzen in der Natur rar geworden, so daß sie an künstlichen Mauern Unterschlupf finden und auf diese Weise gefördert werden. Die im Naturgarten angelegten oder vorhandenen Mauern dienen in erster Linie als Lebensraum für Tierarten, so daß ein gezieltes Ansiedeln von Pflanzen primär nicht angestrebt wird.

Pflanzen für Mauern (Auswahl)

Deutscher Name	Wissenschaftlicher Name
Pflanzen für überwiegend sonnige Standorte:	
Silbergras	*Corynephorus canescens*
Gemeine Nachtkerze	*Oenothera biennis*
Kleiner Odermennig	*Agrimonia eupatoria*
Skabiosen-Flockenblume	*Centaurea scabiosa*
Gemeiner Natterkopf	*Echium vulgare*
Tüpfel-Johanniskraut	*Hypericum perforatum*
Mauerpfeffer-Arten	*Sedum* spec.
Wärmeliebende Küchenkräuter:	
Lavendel	*Lavandula* spec.
Thymian	*Thymus* spec.
Ysop	*Hyssopus* spec.

Die Besiedlung von Mauern kann im Selbstlauf erfolgen

Erhaltung vorhandener Mauern

Um die Mauertiere und -pflanzen zu schützen und zu fördern, sollten folgende Grundsätze zur Erhaltung ihrer Lebensstätten beachtet werden:

1. Alte Natursteinmauern werden nicht abgerissen, sondern bleiben erhalten.
2. Beim Restaurieren längerer Mauern bearbeitet man in jedem Jahr nur einen Teilabschnitt, um den Tieren und Pflanzen genügend Ausweichmöglichkeiten zu bieten.
3. Zerklüftete, besiedelte Mauern dürfen beim Restaurieren nicht verfugt oder verblendet werden.
   Alte, mehrschichtige Mauern haben oft ein weitläufiges Hohlraumsystem. Diese Mauern sind vor allem für Wirbeltiere (Fledermäuse, Vögel, Reptilien) interessant. Bestehende Zugänge zu solchen Hohlraumsystemen sollten bei Sanierungsarbeiten erhalten bleiben. Selbstverständlich muß trotzdem stets auch die Sicherheit der Men-

Trockenmauer aus Glimmerschiefer

Wichtige Hinweise zur Mauersanierung:
- **abschnittweise restaurieren**
- **keine Verblendung**
- **Hohlräume erhalten**
- **bewachsene Mauerfüße belassen**

Trockenmauer aus Kalkstein

schen beachtet werden – bei Einsturzgefahr ist die Mauer unbedingt zu restaurieren.
4. Die Umgebung der Mauer darf nicht negativ beeinflußt werden, z. B. durch Flächenversiegelung, Bebauung oder Pestizide. Ruderalfluren am Mauerfuß sollten gefördert werden, sind jedoch zu mähen.

Pflanzen am Mauerfuß werden gemäht

Viele an Mauern lebende Tiere benötigen andersartige Teillebensräume, z. B. zur Nahrungssuche

Da die Mauern nur für wenige Arten einen Gesamtlebensraum bieten, benötigen die meisten Tiere in der Umgebung weitere, andersartige Teillebensräume. So sind die Wildbienen, Hummeln (*Bombus*) und Grabwespen auf benachbarte blütenreiche Gartenbereiche angewiesen, und die an Mauern lebenden Spinnen brauchen ausreichend viele Beutetiere, die sich in anderen Biotopen entwickeln.

Neuanlage von Mauern

Im Garten ist man für den Bau einer Mauer nicht an feste Formen und Maße gebunden. Der Bau hängt von der Größe und vom zur Verfügung stehenden Material ab. Mit runden Flußschottersteinen wird man ebensowenig eine Mauer errichten können wie mit kleinen Bruchsteinen oder großen Steinbrocken. Damit eine Mauer hält, nicht langweilig wirkt und einen hohen Biotopwert bekommt, benötigt man eine große Sammlung von Steinen. Es sollten ausschließlich gebietstypische Baumaterialien (z. B. Kalksteine in Kalk-

Verschiedene Steine lassen sich beim Anlegen verwenden:
- **gebietstypische Steine bevorzugen**
- **verschiedene Größen von Bruchsteinen**
- **Lesesteine aus dem Garten und von Feldern**

gebieten) und natürliche oder naturnahe Baumaterialien (wie Lesesteine, Bruchsteine, Tonziegel) verwendet werden. Grundsätzlich eignen sich alle verfügbaren Steine für Mauern, wenn man nur ihre Größen und Formen bewältigen kann.

Die Substratqualitäten und die Dicke zählen zu den entscheidenden ökologischen Eigenschaften von Mauern. Ein nicht unwesentlicher Teil des Lebens spielt sich im Inneren ab. Der weniger mobile Nachwuchs vieler Tierarten ist auf ein ausgeglichenes Innenklima angewiesen.

Lehmige und humose Böden können sich nach Dauerregen oder Frost verändern, deshalb benötigen Mauern auf derart unsicheren Standorten ein Fundament. Besonders wichtig ist die Standfestigkeit bei Hanglagen oder bei häufig auftretender Staunässe. Für niedrige Mauern reicht ein einfaches Kiesbett, bei höheren muß ein Kies-Fundament angelegt werden. Der Aushub sollte bei Kies-Fundamenten bis in den frostfreien Boden (ca. 40 bis 70 cm tief) reichen.

Muß eine durch Mauern gestützte Böschung viel Regenwasser ableiten, ist eine Drainage nötig. Man schüttet zwischen die entstehende Mauer und den Hang eine Drainschicht aus Kies. Am Mauerfuß wird ein Drainrohr für den Wasserabfluß verlegt.

Neu aufgesetzte Mauern werden, statt mit Zementmörtel oder Beton, möglichst nicht oder nur teilweise mit ver-

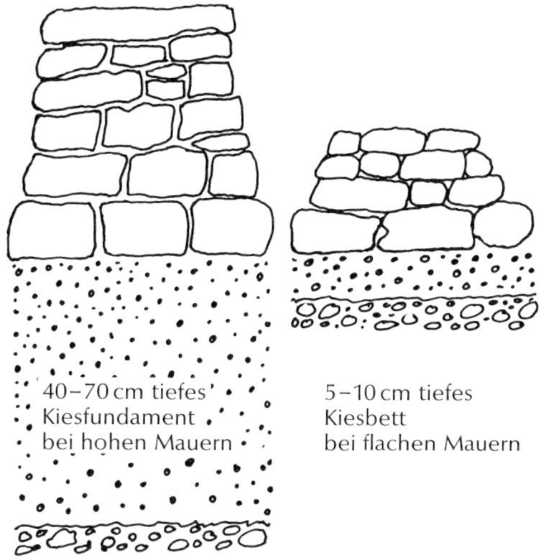

Ein Kiesbett oder Kiesfundament ist auf lehmigem oder humosem Boden nötig

Wichtige Substratqualitäten von Mauern sind:
- **Risse und Spalten**
- **Härte**
- **Porösität**

Standsicherheit ist oberstes Gebot beim Bau

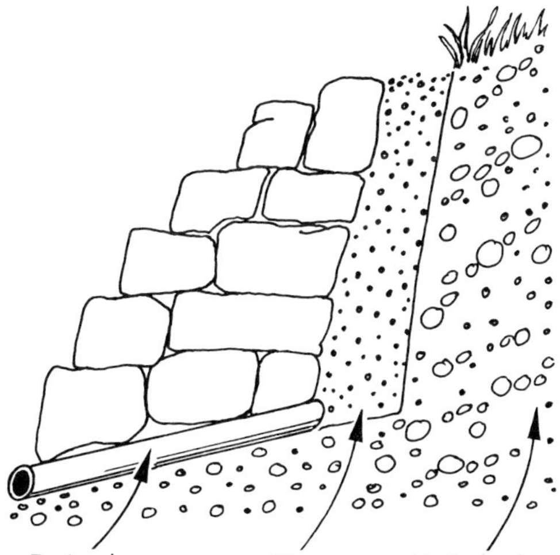

Drainage am Hang oder an der Böschung

Von der Bodenbeschaffenheit am Standort hängt die Notwendigkeit eines Fundamentes für die Mauer ab

Lebensräume mit Steinen

Entweder verfugt man neu aufgesetzte Mauern überhaupt nicht, oder es findet verwitterungsfähiges Material Verwendung wie Kalkmörtel oder Lehm

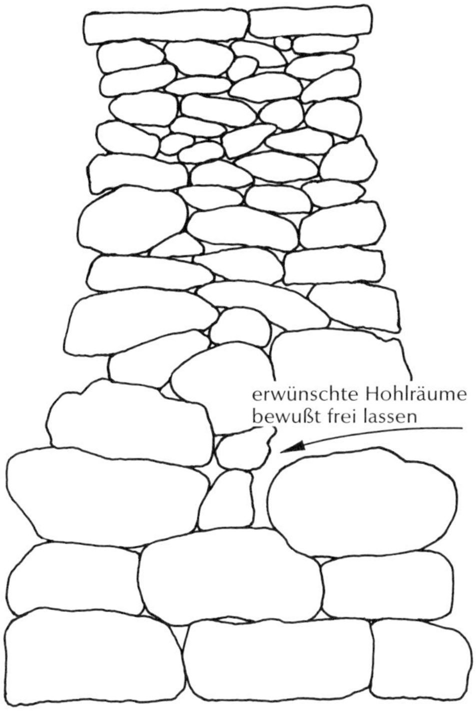

Für Pflanzen wie für Tiere ist weicher Mörtel gleichermaßen wichtig und erleichtert die Besiedlung

Abdachungen schützen Innenräume von Mauern vor eindringender Nässe

(nach Naturschutzzentrum NRW: Lebendige Mauern. Arbeitskreis VHS-Biogarten Düsseldorf, Merkblatt)

witterungsfähigem Material verfugt, um Insekten und anderen kleinen Tieren Unterschlupfmöglichkeiten zu schaffen. Dieses relativ weiche Material gehört zum unverzichtbaren Lebensbereich vieler Tier- und Pflanzenarten. Der Mörtel muß für Hautflügler grabfähig, weich und chemikalienfrei sein. Günstig ist das Verfugen mit Kalkmörtel, der viel groben Sand enthält oder mit Lehm. Oberflächige Versiegelungen, z. B. Verputzen oder Streichen, unterbleiben möglichst, weil dadurch die Zugänglichkeit des inneren Lebensraumes eingeschränkt wird. Dies spielt insbesondere bei der Restaurierung älterer Mauern eine Rolle. Wenn dennoch auf Verfugen oder Streichen nicht verzichtet werden kann, sollten wenigstens einige Bereiche, Spalten oder Ritzen im ursprünglichen Zustand erhalten bleiben.

Das sorgfältige Aufsetzen einer haltbaren und ruhenden Mauer erfordert Zeit und ein geduldiges Einpassen der Steine. Mauern ohne Mörtel halten durch das Gewicht ihrer Steine. Man verwendet deshalb die größten Steine am Mauerfuß, die kleineren im oberen Teil. Die Steine müssen beim Aufsetzen der Mauer auf ihre größte Fläche gelegt werden. Böschungsmauersteine verlegt man nicht waagerecht, sondern mit einer leichten Neigung nach innen. Wenn die Mauerkrone nicht bepflanzt wird, deckt man sie am besten mit schweren plattenförmigen Steinen ab. Solche Abdachungen schaffen trokkene Teilbereiche, denn sie dienen gleichzeitig als Regenschutz.

Unerwünschter Spielraum (einige Fugen und Hohlräume müssen bleiben) beim Aufsetzen der Mauer wird mit Steinen ausgelegt. Auf keinen Fall darf dazu Erde genommen werden, da diese leicht herausfällt und die Stabilität der Mauer beeinträchtigt würde.

Mauern sollten sich »anlehnen« können. Am günstigsten ist ein »Anlauf« von etwa 20%, d.h. die Neigung beträgt auf 1m Höhe ungefähr 20 bis 25 cm. Als Orientierung kann man sich merken, daß die Breite des Mauerfußes ungefähr ein Drittel der Mauerhöhe betragen muß. Geeignet zum Anlehnen ist eine Böschung oder bei freistehenden Mauern an der Gegenseite ein Wall (Anböschen) bzw. eine nach beiden Seiten geneigte Mauer (Gegenwand). Zum Anböschen eignet sich eine Mischung aus Erde und Sand oder Kies. Dadurch entsteht ein trockener und nährstoffarmer Standort, welcher einem schnellen Zuwachsen der Mauer und damit einer unerwünschten Beschattung vorbeugt. Wenn man eine Gegenwand aufschichtet, bleiben in der Mitte Hohlräume, welche am besten mit kleineren Steinen, Sand oder Kies zugeschüttet werden. Auch hier bleiben einige Hohlräume erhalten.

Um eine Gartenmauer als dauerhaft besiedelbaren Trockenbiotop zu erhalten, ist es günstig, wenigstens einen

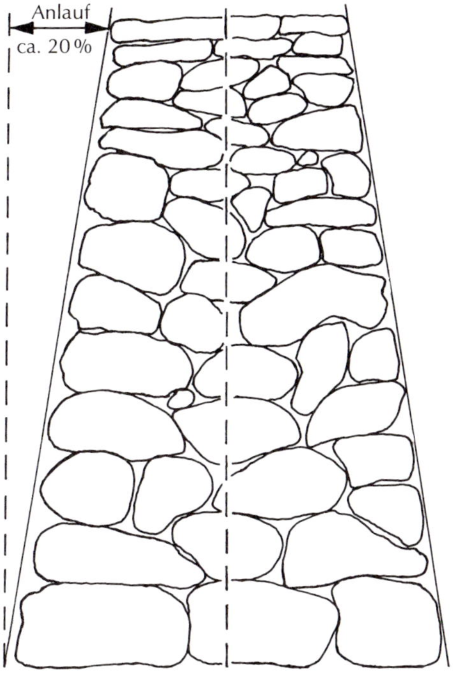

»Anlehnen« der Mauer

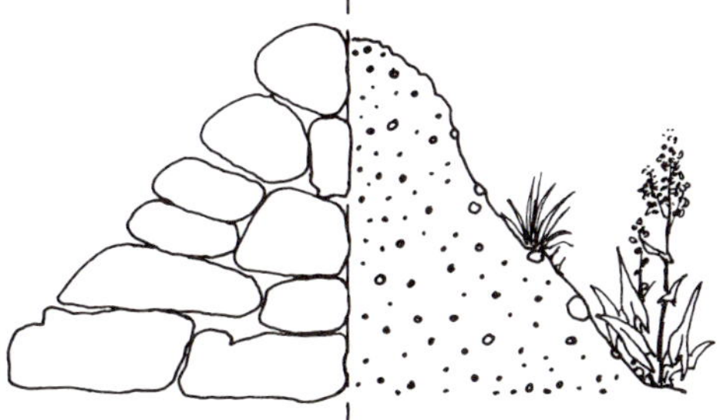

Anböschen der Mauer mit Erde, Kies oder Sand

Nicht benötigte Hohlräume werden mit Steinen aufgefüllt, um die Festigkeit der Mauer zu erhöhen

Die Neigung einer Mauer nach hinten heißt »Anlauf«

Zum Anlehnen eignen sich:

- **Böschungen**
- **Wälle**
- **Gegenseite der freistehenden Mauer**

Oft dienen Mauern auch als Begrenzung eines Steingartens

Lebensräume mit Steinen

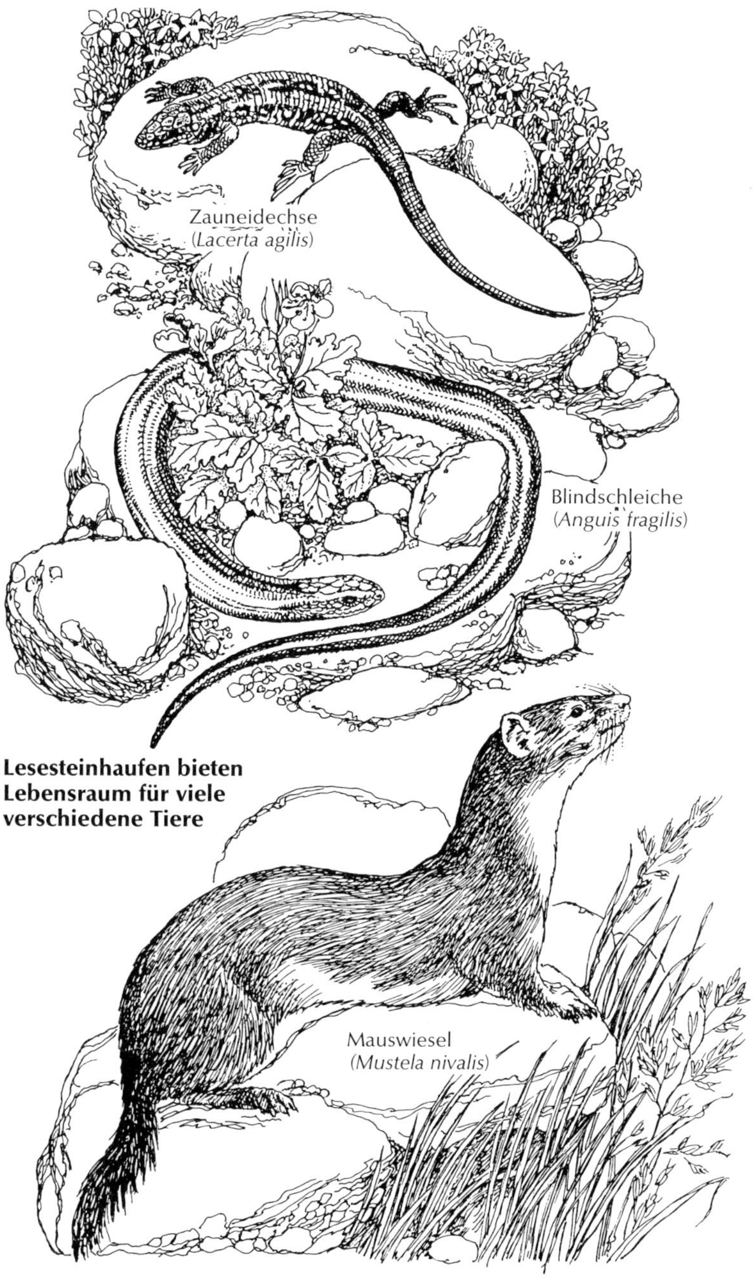

Lesesteinhaufen bieten Lebensraum für viele verschiedene Tiere

großen Teil ständig der vollen Sonne auszusetzen. Durch die unmittelbare Besonnung heizen sich die Oberflächen stark auf und bieten wärmeliebenden Tierarten einen guten Lebensraum. Die Steine müssen eine gewisse Rauhigkeit zum Klettern aufweisen und geeignete Verstecke in der unmittelbaren Umgebung bieten. Viele wechselwarme Tierarten wie Reptilien und andere nutzen im Frühjahr oder am Morgen diese besonnten, vegetationsfreien Stellen zum Aufheizen ihres Körpers. Deshalb achtet man darauf, daß Mauern südost-, süd- bzw. südwestexponiert angelegt werden und nicht an allen Stellen zu dicht bewachsen sind. Beschattete Steine überziehen sich bei ausreichender Feuchtigkeit mit Moos. Auch eingewachsene niedrige Mauern verlieren ihre Funktion als Wärmeplatz. Stark bewachsene Mauern sollten deshalb stellenweise freigestellt werden.

Steinhaufen

An einer Stelle des Gartens kann man einen Steinhaufen aufrichten. Das entstehende Lückensystem ist für viele Tierarten interessant. Lesesteinhaufen sind z. B. ein wichtiger Lebensraum für die Zauneidechse, die Blindschleiche und verschiedene Spitzmausarten. Selbst Mauswiesel beziehen gerne darin ihr Standquartier. Wenn diese Tiere in unserem Garten einen geeigneten Aufenthaltsort finden, können sie sich möglicherweise dauerhaft ansiedeln und sich unter Umständen sogar vermehren. Es ist wichtig, daß in vielen Gärten solche Lesesteinhaufen existieren, damit die Tiere überhaupt von einem Biotop zum nächsten kommen können und die Entfernung nicht zu groß wird. So wirkt jeder Steinhaufen als ein sogenanntes »Trittsteinhabitat«, von dem aus die Besiedelung des nächsten geeigneten Biotops möglich ist.

Der Lesesteinhaufen im Garten hat verschiedene Funktionen. Wenn es in demselben Garten oder beim Nachbarn einen Feuchtbiotop gibt, z. B. einen Teich, dann bietet er für eine Reihe von Wassertieren die Möglichkeit, in den Hohlräumen des Steinhaufens gut geschützt über den Sommer und/oder über den Winter zu kommen. Ähnliches trifft für die wasserbewohnenden Käfer zu, die zum Verpuppen und zur Überwinterung das Wasser verlassen. Der Steinhaufen ist auch ein Refugium für viele Bewohner der Bodenoberfläche unseres Gartens, z. B. Laufkäfer, Spinnen, Tausendfüßer, Asseln. Die meisten dieser Arten sind nachtaktiv und wohnen deshalb meist unbemerkt im Garten. Im Steinhaufen können sie sich am Tage aufhalten.
Die Anlage von Steinhaufen ist verhältnismäßig einfach. Man muß nur eine Grundfläche von ca. 2 bis 3 m^2 einplanen. Dorthin schafft man alle Steine, die im Garten und auf den Beeten stören. Da in den meisten Gärten nicht genügend Steine vorhanden sind, kann man zusätzlich Feld-, Bruch-

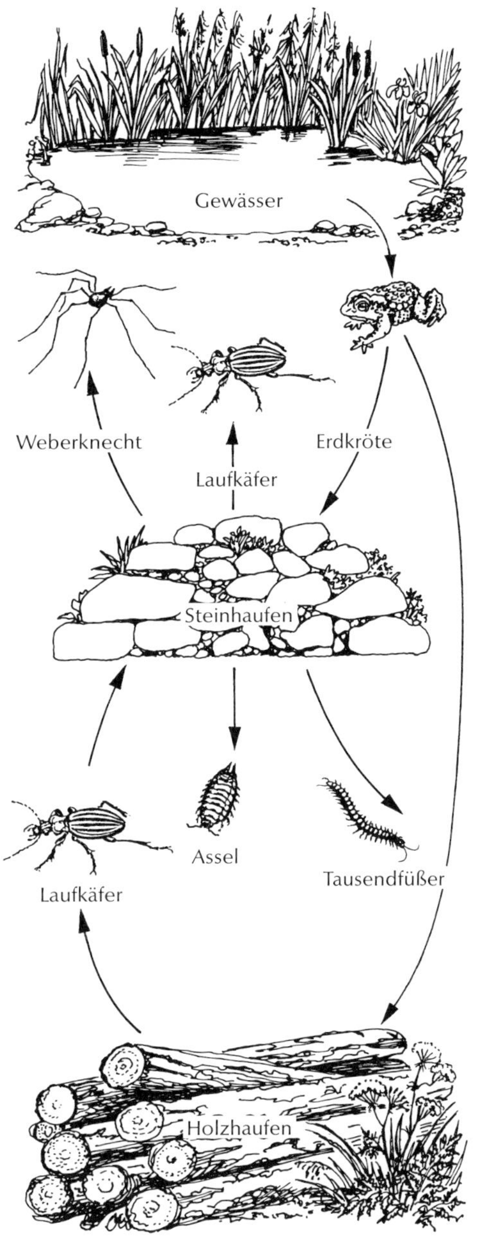

Tiere bewegen sich zwischen verschiedenen Biotopen

Als »Trittsteinhabitat« kommt dem Steinhaufen besondere Bedeutung zu

Als Sommer- oder Winterquartier gleichermaßen begehrt

Das Anlegen eines Lesesteinhaufens bereitet wenig Mühe

Lebensräume mit Steinen

Für einen Steinhaufen kommen die verschiedensten Größen und Steinarten in Frage

Ein Teil des Steinhaufens sollte direkt in der Sonne liegen

Steinwälle können natürliche Grenzen im Garten sein

Mauer mit natürlichem Bewuchs

oder andere Steine zum Aufbau des Lesesteinhaufens sammeln.
Vom eiszeitlichen Findling bis zum Feinsand sind alle Abbaustufen der Gesteine beim Aufschichten eines Lesesteinhaufens wertvoll. Die Steine werden lückig bis zu 1 m Höhe gelegt. Größere Steine sollte man nicht aufstellen. Sie müssen grundsätzlich auf ihrer breitesten Seite liegen. Oft wird der Fehler gemacht, die Steine in den Boden zu stecken. Stabile und dauerhafte Hohlräume entstehen, indem man Hohlblocksteine, Ziegel oder Steinplatten im Zentrum des zukünftigen Steinhaufens aufschichtet.
Größere Steine und Platten können an passenden Stellen überall im Garten angeordnet werden. Wichtig ist, daß sie nicht ständig umgelagert werden. Auf dem Boden liegende Steine bieten Unterschlupf für Laufkäfer, Wolfsspinnen, Hundertfüßer, Ohrwürmer, Asseln und Regenwürmer.
In einem Naturgarten besteht auch die Möglichkeit, Lesesteinwälle aufzuschichten. Solche aufgeschichteten Steinwälle können auch innerhalb des Gartens als Grenze dienen. Sie müssen nicht hoch sein, 50 cm reichen aus. Durch ihre Bepflanzung oder durch die natürliche Ansiedlung von Pflanzen gewinnen sie an Höhe.

Flächen mit Steinen, Kies und Sand

Nährstoffarme Standorte sind in der heutigen Natur rar geworden. Abgrabungen oder Aufschüttungen armer Substrate, wie Sand oder Kies, sind aber für Rohbodenbesiedler von großer Bedeutung. Diese Standorte sind auch in Gärten selten und sollten dort angelegt werden.

Eine einfache Aufschüttung von Sand oder Kies ergibt einen Standort für Trockenheit liebende Pflanzen und die dazugehörigen Kleintiere sowie für bodenbrütende Wildbienen und Grabwespen. Das verwendete Material bestimmt den Böschungswinkel der Aufschüttung. Am günstigsten ist eine vielgestaltige Bodenoberfläche mit einem abwechslungsreichen Feinrelief. Jegliche Planierung solcher Standorte sollte unterbleiben.

Weder die Ansaat noch das Auftragen von Mutterboden dienen dem Ziel, möglichst nährstoffarme, magere Verhältnisse zu schaffen. Deshalb sollte man auf solche Maßnahmen verzichten. Im Laufe der Zeit besiedeln verschiedene Pflanzen diese Flächen auf natürliche Weise.

Die Erhaltung des mageren Standortes erfordert in 5- bis 15jährigem Abstand die Abtragung der durch Zersetzung von Pflanzenmaterial entstandenen Humusschicht. Am besten eignet sich ein Spaten zum Abtragen. Ungefähr die Hälfte der Gesamtfläche sollte vegetationsarm bzw. vegetationsfrei bleiben. Mit Hilfe einer Egge oder einer Hacke bzw. durch das Ausreißen der Pflanzen läßt sich der Bewuchs niedrig halten oder zurückdrängen. Es empfiehlt sich

Sand-/Kieshaufen mit Birke

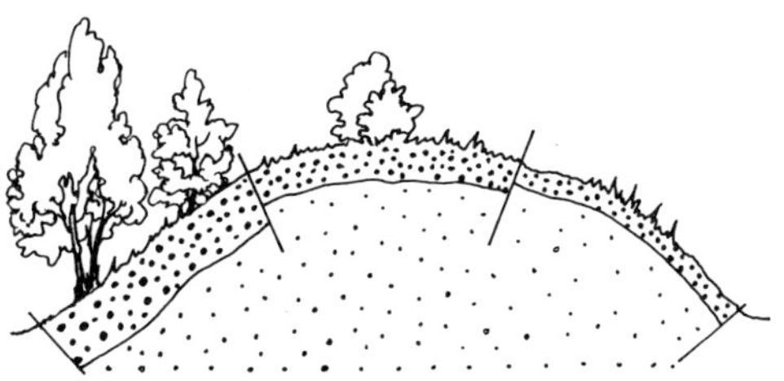

Alle 5 Jahre auf $^1/_3$ der Fläche Pflanzen und Humusdecke entfernen

Magere Standorte sind selten, deshalb ist deren Anlage im Garten zu empfehlen

Ein abwechslungsreiches Relief fördert die Besiedlung durch Pflanzen und Tiere

Günstig sind etappenweise Eingriffe, die ähnlich einer Fruchtfolge rotieren

bei größeren Flächen, solche Eingriffe in Etappen vorzunehmen, damit für die Tiere und Pflanzen immer eine Ausweichmöglichkeit auf andere Teilflächen besteht.

Pflanzen in den Zwischenräumen der Pflasterung lockern die Flächen optisch auf

Pflanzenarten von naturnahen Gartenwegen

Deutscher Name	Wissenschaftlicher Name
Deutsches Weidelgras	*Lolium perenne*
Einjähriges Rispengras	*Poa annua*
Breit-Wegerich	*Plantago major*
Vogel-Knöterich	*Polygonum aviculare*
Ausdauerndes Gänseblümchen	*Bellis perennis*

Pflaster

Alle oberflächlichen, also nicht auf Fundamenten begründeten und nach oben betonversiegelten Gartenwege oder Trittpfade werden im Laufe der Zeit von Pflanzen besiedelt und bieten Tieren wie Asseln (*Isopoda*), Ameisen (*Formicidae*) oder Ohrwürmern (*Dermaptera*) Unterschlupf. Der anspruchslose und trittfeste Bewuchs bedarf für seine Anlage und Pflege nur unserer Füße.

Betonunterbauten unter Wegen und Plattenbelägen sind lebensfeindlich und verhindern die gleichmäßige Wasserversickerung. Befestigte Flächen wie Einfahrten, Wege und Plätze müssen keinesfalls immer betoniert oder asphaltiert werden. Wenn diese Art Oberflächenversiegelung nicht zwingend nötig ist, sollte man sich für durchlässige Beläge entscheiden. Dafür eignen sich Kies, grobfugig in Sand verlegte Platten oder Pflastersteine. Im Nutzgarten reicht diese Art von Wegen oft nicht aus. Hier sollten Natursteine in ein frostsicheres Bett aus Sand und Kies verlegt werden. Die Vegetation in den Fugen wird durch gelegentlichen Schnitt kurz gehalten, sollte aber nie ganz entfernt werden.

Durchlässige Wegebefestigungen sind der totalen Oberflächenversiegelung vorzuziehen

Oberflächenversiegelungen sind zwingend erforderlich, wenn Öl, Pestizide oder andere Bodengifte in die Erde eindringen können

Pflastersteine mit Rasenfugen dienen als Befestigung (nicht Versiegelung)

Gehäuseschnecken leben gern an Kalkstein

Paarungsrad der Hufeisen-Azurjungfer (*Coenagrion puella*)
Vorn das Männchen, das das Weibchen hinter
dem Kopf packt. Dieses biegt seinen Hinterleib
nach vorn zum Kopulationsapparat des Männchens.

Feuchtbiotope

Es gibt unterschiedliche Typen von Kleingewässern, von denen Tümpel, Weiher und Teiche für Naturgärten besondere Bedeutung haben. Tümpel sind sehr flache Gewässer, die zeitweise austrocknen. Weiher und Teiche besitzen zwar ebenfalls nur mehr oder weniger geringe Wassertiefen, trocknen aber unter normalen Verhältnissen nicht aus. Während Weiher durch die Verlandung z. B. von Seen natürlich entstanden sind, wurden Teiche künstlich geschaffen und können bei Bedarf abgelassen werden.
In die in Gärten vielfach üblichen Zierteiche werden Pflanzen und Tiere (meist Fische) vom Menschen eingebracht; zu seiner Erhaltung sind häufige Eingriffe nötig. Ein naturnahes Gewässer dagegen ist ein künstlich angelegter Gewässerstandort, in welchem sich die Lebensgemeinschaften von allein ansiedeln und entwickeln können. Eingriffe erfolgen hier nur in Ausnahmefällen. Die meisten Arten besiedeln das Gewässer ohne menschliche Hilfe.
Die Rahmenbedingungen für die Neuanlage von Gewässern regelt der Gesetzgeber, wobei die Bestimmungen in den einzelnen Bundesländern unterschiedlich sind. So erfordern Erdbewegungen über eine bestimmte Grundfläche hinaus, Bodenvertiefungen bzw. -erhöhungen in einer bestimmten Höhe gegenüber der Grundfläche, die Anbindung an ein Oberflächengewässer oder der Anschluß an das Grundwasser eine Anzeige bzw. Genehmigung. Deshalb sollte man sich vor dem ersten Spatenstich über die entsprechenden Gesetze informieren.

Feuchtbiotope

Begehbarer Uferbereich

Das Gartengewässer bedarf vor seiner Anlage gründlicher Planung

Wichtig sind:
- **ständige Wasserversorgung**
- **ausreichende Größe, um die Fortpflanzung der Tiere sicherzustellen**
- **ruhiger Platz**
- **Trennung von Fisch- und Froschgewässer**
- **richtige Ufergestaltung**

Lebensraum Gartengewässer

Die Anlage von Gewässern in Gärten liegt fast in einem modischen Trend: Ein Naturgarten muß einen Feuchtbiotop haben, sonst ist es kein Naturgarten. Gartengewässer hielten als erster naturnaher Biotop Einzug in die Gärten. Alle anderen Lebensräume wie blumenreiche Wiesen, Totholz, Trockenmauern usw. wurden erst später für die Naturgärten entdeckt. Für die Anlage von Gartengewässern existieren deshalb die längsten Erfahrungen. Weiterhin ist bei der Anlage eines Gewässers der größtmögliche Einsatz an Technik denkbar. Dies hat dazu geführt, daß die »Gartengewässerkunde« zu einer eigenen »Wissenschaft« geworden ist. Es gibt eine umfangreiche Spezialliteratur ausschließlich zu diesem Gebiet.

Unumstritten ist die Tatsache, daß die in vielen Gärten im Laufe der vergangenen 10 bis 20 Jahre angelegten Gewässer zu einer erheblichen Steigerung der Biotopdichte beitrugen und dadurch für einige Wassertierarten neue Lebensräume geschaffen wurden. Andererseits können diese Gewässer »Todesfallen« sein, wofür es ebenfalls viele Beispiele gibt: Wenn Lurche oder auch Libellen zur Eiablage veranlaßt werden, Größe und Struktur des Gartengewässers aber nicht für diese Tiere geeignet sind, bleiben die Larven in ihrer Entwicklung stecken und sterben ab. Man muß also, bevor man einen Gewässerbiotop in einem Garten anlegt, sehr genaue Überlegungen anstellen. Dabei müssen auch die Möglichkeiten der kontinuierlichen Wasserversorgung sowie die notwendige Größe und Struktur im Hinblick auf die Tier- und Pflanzenwelt genauestens überdacht werden. Grundsätzlich gilt, daß sehr kleine und tiefe Wasserlöcher eher von Nachteil als von Vorteil sind. Eingegrabene Fässer oder ausrangierte Badewannen haben für viele Tierarten verheerende Folgen, weil die Tiere das Wasser nicht ohne Hilfsmittel oder einen flachen Uferbereich verlassen können. Für fast alle Tiere eines Gartengewässers ist ein Habitatwechsel zwischen Wasser und Land charakteristisch. Deshalb wird der Gestaltung des Ufers besondere Aufmerksamkeit gewidmet. Es muß immer Flachwasserbereiche geben, wo ein müheloser Ausstieg aus dem Wasser erfolgen kann. Auch die Steilbereiche ermöglichen bei entsprechender Vegetation denjenigen Landtieren ein Zurückkommen, die unbeabsichtigt hineinfallen. Dies ist z. B. für umherstreifende Laufkäfer, Mäuse und andere Tiere wichtig. Selbst für Igel können die Gewässer manchmal zu einer Falle werden.

Wenn man diese notwendigen Grundüberlegungen berücksichtigt, dann kann ein Feuchtbiotop im Garten zu einem interessanten Beobachtungsplatz werden, und es ist möglich, auf diese Weise viele Tierarten im Garten zu haben, die sonst niemals dort vorkommen würden. So werden

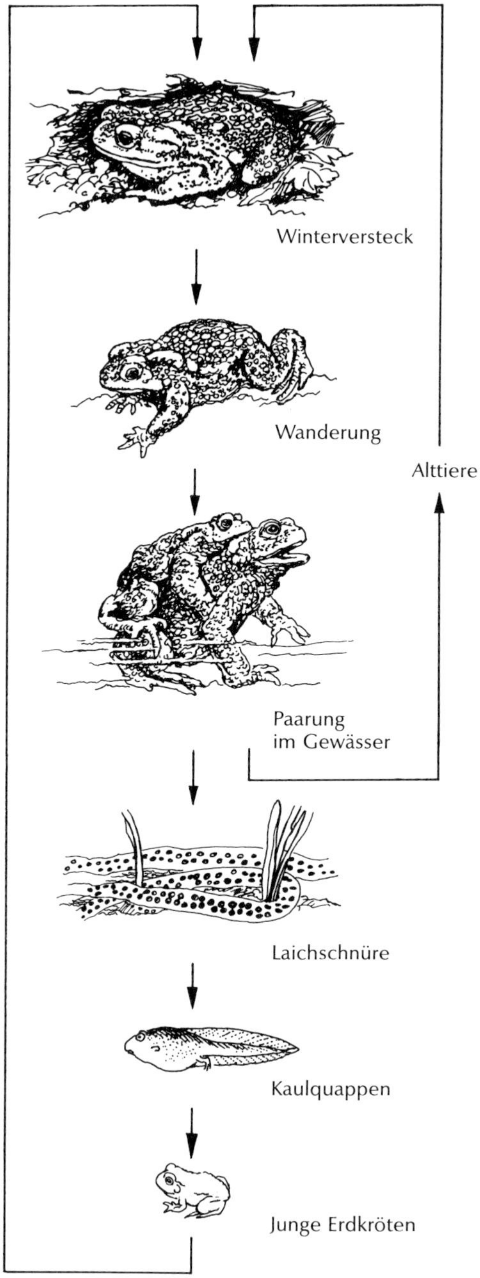

Lebenszyklus der Erdkröte (*Bufo bufo*)

Damit Tiere das Gartengewässer besiedeln können, sollte es eine bestimmte Mindestgröße aufweisen, **→ S. 96**

Die Gestaltung des Uferbereiches und der Flachwasserzone ist sehr wichtig, damit die Tiere problemlos ein- und aussteigen können

Feuchtbiotope

Gartengewässer sind wertvolle Laichbiotope

schon allein dadurch, daß mit den Sumpfpflanzen sonst fehlende Pflanzenarten in den Garten kommen, bestimmte Insekten nachgezogen, denen diese Pflanzen als Nahrung dienen.

Grasfrosch (*Rana temporaria*)

Die Besiedlung eines Gartengewässers erfolgt auf dem Landweg und dem Luftweg

Natürlich wird man bei der Tierwelt der Feuchtbiotope zuerst an die unmittelbaren Wasserbewohner denken, von denen die Lurche besonders bekannt sind. Teichmolche (*Triturus vulgaris*) und Bergmolche (*Triturus alpestris*) siedeln sich gern in solchen Gewässern an und können sich dort bei entsprechender Struktur, Größe und Habitatvielfalt auch vermehren. Ähnliches trifft für die Wechselkröte (*Bufo viridis*) zu. Sind die angelegten Gewässer größer, können sie auch als Laich- und Entwicklungsplätze für Grasfrosch (*Rana temporaria*), Wasserfrosch (z. B. *Rana esculenta*) und Erdkröte (*Bufo bufo*) dienen. Außerdem werden sich verschiedene Wasserkäferarten ansiedeln, sogar der Gelbrandkäfer (*Dytiscus marginalis*). Man hat beobachtet, daß in einem einzigen Gewässer mit einer Oberfläche von 4 m^2 und einem abwechslungsreichen Relief über 50 Wasserkäfer- und Wasserwanzenarten leben können. Diese Tiere kommen auf dem Luftweg in den Garten, da sie alle flugfähig sind. Zum Teil stellen sie bzw. ihre Larven eine unerläßliche Nahrungsquelle für die Wirbeltiere unter den Wasserbewohnern dar. Diese ernähren sich aber nicht nur von Wasserkäfern, son-

Gelbrandkäfer (*Dytiscus marginalis*)

dern vor allem von Kleinkrebsen, deren Jugendformen oder Eier meist mit den anderen Wassertieren eingeschleppt werden. Auch Vögel, die gelegentlich zur Tränke kommen, können solche Tiere mitbringen. Besonders auffällig sind die Libellen (*Odonata*). Etwa 10 verschiedene Arten können sich in Gartengewässern entwickeln. Sie legen ihre Eier dort ab, und die Larven durchlaufen anschließend eine 1 bis 3 Jahre dauernde Entwicklung. Weil auch andere Tierarten mehrjährige Entwicklungszyklen durchlaufen, wären jährlich zu erneuernde und zu entschlammende Gewässer sehr ungünstig, denn dadurch wird die Entwicklung unterbrochen und ein Großteil des Wassertierlebens völlig vernichtet. Deshalb muß ein Feuchtbiotop so angelegt sein, daß sich das entstehende bzw. entstandene Ökosystem über viele Jahre entwickeln und stabil bleiben kann.

Paarungsrad der Libellen

Am günstigsten sind Gewässerbiotope, die über Jahre erhalten bleiben

Anlegen von Gartengewässern

Standortwahl

Wichtige Voraussetzung für interessante Gartengewässer ist der richtige Standort

Die besten Standorte für die Anlage von Gewässern sind entsprechende natürliche oder naturnahe Geländeformen wie Feuchtsenken, Bereiche mit hoch anstehendem Grundwasser oder Stauwasserböden. Schon vorhandene Feuchtstandorte mit bedeutsamen Vorkommen von Tier- und/ oder Pflanzenarten oder -gemeinschaften dürfen aber bei der Gestal-

Kluge Planung ist wichtig

Ausreichend direkte Sonneneinstrahlung muß gewährleistet sein

(verändert nach Wilke, 1993)

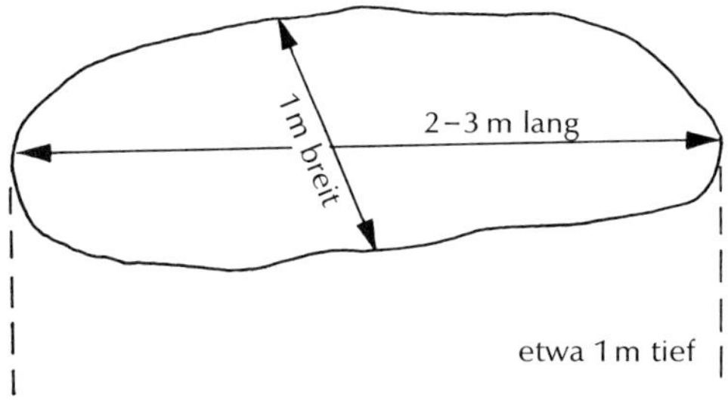

tung neuer Kleingewässer nicht zerstört werden.

Die Standortwahl im Grundstück erfordert einige weitere Überlegungen. So muß man unbedingt bedenken, daß Kinder in einem Gartengewässer verunglücken können, und man als Eigentümer haftbar ist. Andererseits üben gerade solche Wasserlebensräume eine große Anziehungskraft aus, weil es immer etwas zu sehen gibt.

Das Gewässer muß mindestens 6 Stunden täglich direkte Sonne (am besten Vormittag und Nachmittag) bekommen und vor der Mittagssonne durch ein Gehölz (hohe Bäume, dichte Sträucher) geschützt sein. Außerdem sollte es in einem ruhigen Bereich des Gartens liegen.

Die Wasserfläche eines Gartenteiches sollte mindestens 1 m breit und 2 bis 3 m lang sein. Um das Einfrieren zu verhindern und somit Tieren die Überwinterung zu ermöglichen, ist eine Mindesttiefe von 1 m erforderlich. Eine Obergrenze für die Gewässerfläche wird durch die Größe des Gartens und die Ansprüche an seine Gestaltung gesetzt.

Unterschiedlich tiefe Bereiche ermöglichen die Ansiedlung verschiedener Pflanzen- und Tierarten

Tiefe

Es empfiehlt sich, drei verschiedene Tiefenbereiche anzulegen: Sumpfzone (bis 5 cm), Flachwasserzone (5 bis 30 cm), Freiwasserzone (ab 30 cm). Die tieferen Schichten (ab ca. 1 m) bleiben im Winter frostfrei und im Sommer kühl. Gartengewässer, die heimischen Fischarten Entwicklungsmöglichkeiten bieten sollen, müssen mindestens 1,2 m tief sein und eine Wasserfläche von 25 bis 30 m^2 aufweisen.

Flache Uferzonen sind besonders wichtig

Uferstruktur
Die Uferbereiche sollten flach auslaufen (Ufergefälle 1:10 bis 1:5). Diese Bereiche erwärmen sich im Frühjahr schnell und bieten dadurch einen geeigneten Fortpflanzungsplatz für Grasfrosch, Erdkröte, Teichmolch, Wasserflöhe und andere Kleinkrebse. Gleichzeitig fungieren sie als Tränken und Badestellen für Vögel (und andere Tiere) und bieten Rettungsmöglichkeiten für ins Wasser gefallene Tiere. An flach auslaufenden Ufern ist die Untergrundabdichtung durch Pflanzen, Sand und/oder Kies gegen direkte Sonneneinstrahlung geschützt, im Winter schieben sich die Eisplatten über diese Fläche ohne die Abdichtung zu zerstören. An steilen Ufern (über 35° Böschungswinkel) können sich kaum Pflanzen ansiedeln. Außerdem wird die Abdichtung im steilen Uferbereich durch Sonneneinstrahlung oder sich ausdehnende Eisplatten leicht zerstört.

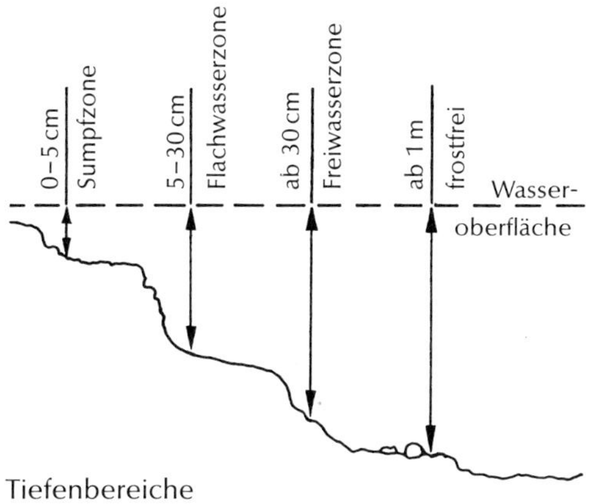

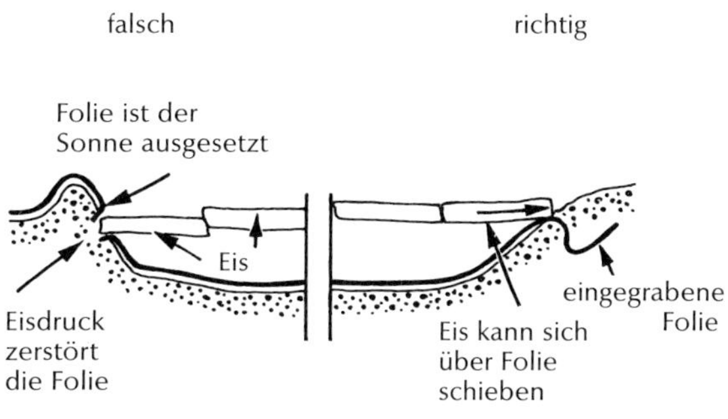

(nach Pretscher, 1989)

Es ist günstig, wenn man sich die geplante Form des Gewässers durch geeignete Markierungen (z. B. Pflöcke) verdeutlicht. Eine optische Einpassung in das Gartengefüge fällt dadurch leichter. Geschwungene Formen sehen unter Umständen gefälliger aus, sind aber schwerer abzudichten (besonders bei Folie).

Die spätere Größe und Lage des Gewässers werden mit Pflöcken markiert

Feuchtbiotope

Der Erdaushub läßt sich zur Gestaltung eines besonnten Hügels nutzen

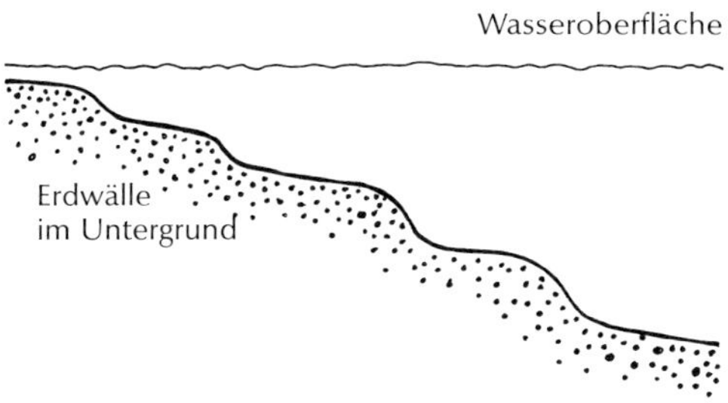

Die Erdgrube wird etwas größer ausgehoben als das Gewässer geplant ist. Es können kleine Erdwälle als Stufen stehenbleiben – sie geben dem Untergrund später ein welliges Relief.
Ein Gartengewässer kann zu jedem Zeitpunkt außerhalb der Frostperiode angelegt werden.

Vor dem Anlegen des eigentlichen Gewässers ist das Prüfen des Untergrundes wichtig

Abdichtung des Gewässers
Wenn Grundwasser oder eine wasserstauende Bodenschicht fehlt, muß die wasserdichte Schicht künstlich geschaffen werden und die Wasserzufuhr gesichert sein. Auf verschiedene Möglichkeiten der Abdichtung soll nachfolgend eingegangen werden.

Mögliche Abdichtung durch:
- **feste Becken**
- **Kunststoffolie**
- **Ton**
- **Beton**

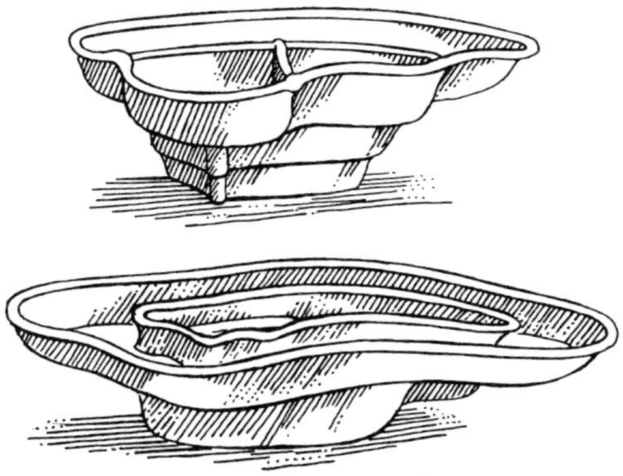
Feste Becken

Fertige Kunststoffbecken, alte Badewannen oder Waschkessel können in den Gartenboden eingelassen werden. Sie haben allerdings oftmals den Nachteil, daß ihr Rand ziemlich steil abfällt und auch glatt ist, d. h. die Tiere haben Schwierigkeiten, solche Bekken zu verlassen. Die zur Verfügung stehende Wasserfläche ist meist zu klein, aber solche Wassergefäße lassen sich relativ gut in ein größeres Feuchtgelände einpassen. So kann man beispielsweise mit den Becken tiefere Wasserbereiche gestalten, in deren Umgebung sich flache, mit Ton oder Folie abgedichtete Zonen befinden. Verwendet man große, fertige Kunststoffbecken, ist darauf zu achten, daß sie auch Flachwasserbereiche haben.

Beim Ausheben der Grube sind spitze Steine und Wurzeln an der Oberfläche zu entfernen

Das Einsetzen der Fertigbecken ist

einfach, da man nur eine Grube entsprechender Form und Tiefe ausheben und das Becken waagerecht einsetzen muß.

Ein anderer Weg ist, eine vorbereitete Mulde mit Kunststoffolie auszulegen, wobei die mindestens 0,5 mm dicke Teichfolie auf einem gut vorbereiteten Untergrund ausgebreitet und in den Nähten verschweißt wird. Das Verschweißen kann z. B. mit einem Bügeleisen erfolgen. Geeigneter wäre jedoch eine Folie, welche die gesamte Fläche ohne Naht bedeckt. Für das Verlegen der Folie eignen sich am besten warme Tage. Der Untergrund des zukünftigen Gewässers darf die Abdeckfolie nicht beschädigen. Deshalb müssen alle Steine, Wurzeln und ähnliche kantigen und harten Bestandteile sorgfältig entfernt werden. Bevor die Folie ausgelegt wird, verteilt man eine dünne Schicht (3 bis 5 cm) Sand ohne Kies und Steine in der ausgehobenen Grube. Mit dem Ausbreiten der Kunststoffolie beginnt man in der Mitte bzw. an der tiefsten Stelle, da sich sonst Luftblasen bilden können, über denen die Folie im Laufe der Zeit brüchig wird.

Um eine lange Lebensdauer zu gewährleisten, müssen die verwendeten Folien UV-beständig, wurzel- und frostfest, geschmeidig und möglichst dunkel sein. Ein Schutz vor Nagetieren ist durch die Verwendung einer nagersicheren Folie oder durch ein eng-

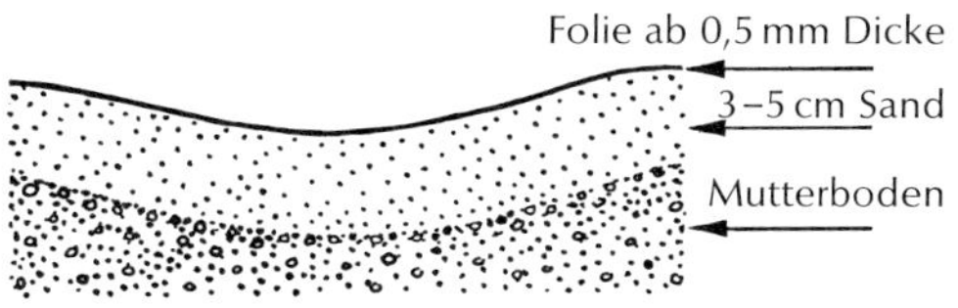

Kunststoffolie

Dicke Folie auf möglichst glattem Untergrund – diese Möglichkeit ist sehr beliebt

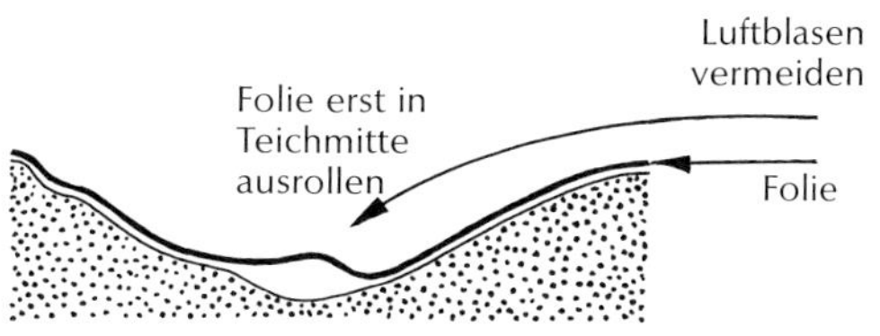

(verändert nach Pretscher, 1989)

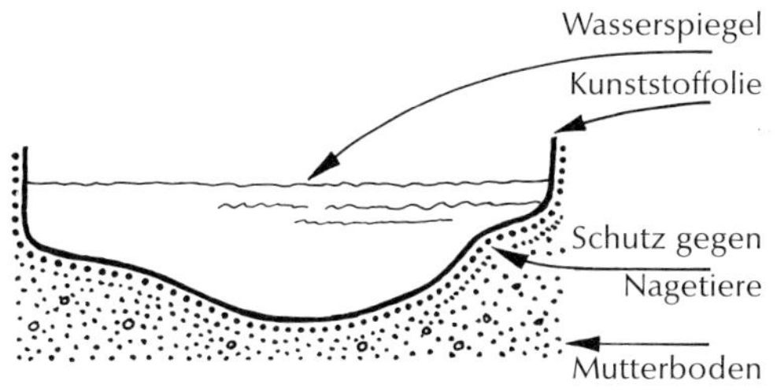

(verändert nach Schwarz, 1980)

Dunkle Folien sind besonders gut geeignet

Wer z. B. Wühlmäuse im Garten hat, sollte seine Folie zusätzlich schützen

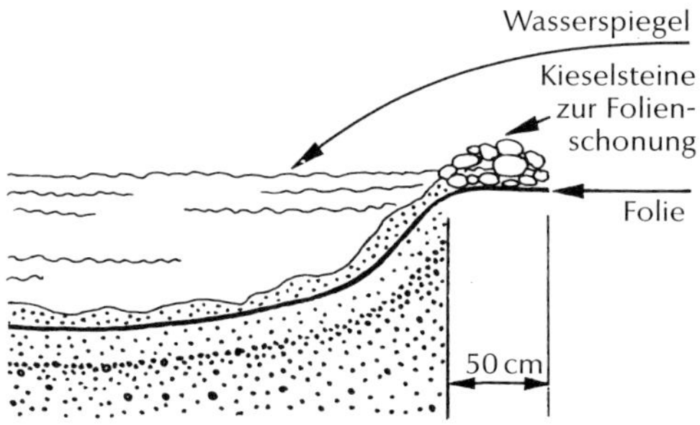

(verändert nach PRETSCHER, 1989)

maschiges Drahtgeflecht zwischen Mutterboden und Folie möglich.
Die Folie muß ca. 50 cm über den Rand des Beckens hinausragen. Die Uferzone wird durch eine Kiesauflage zusätzlich gegen Zerstörung geschützt.

Dachpappe

Auf eine Dachpappenabdichtung verzichtet man besser zugunsten einer Foliendichtung, die bei richtiger Anlage wesentlich dauerhafter ist.

Ton

An manchen Standorten ist diese Abdichtung zu empfehlen

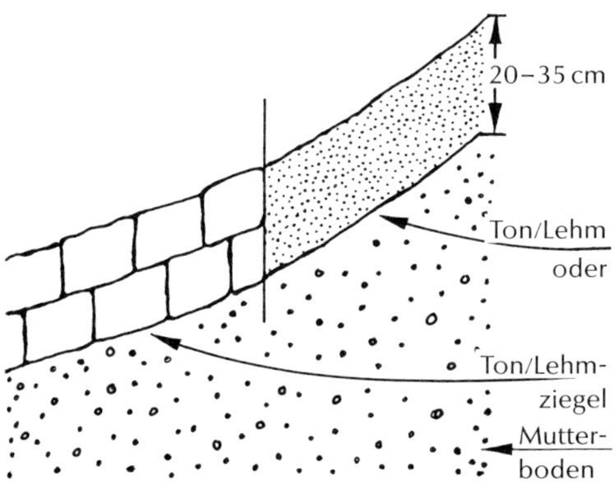

Tonabdichtungen sind in ihrer Anlage sehr aufwendig und nur bei richtiger Ausführung dicht zu bekommen. Wenn jedoch im natürlichen Untergrund Ton- oder Lehmböden anstehen, sind sie durchaus zu empfehlen. Allerdings ist es oft sehr schwierig, das richtige Dichtungsmaterial (sandfreier Ton oder Lehm, auch in Ziegelform) zu bekommen.
Eine 20 bis 35 cm starke Tonschicht wird auf den vorbereiteten Boden aufgetragen, festgestampft und sofort gegen Austrocknung geschützt, z. B. mit Sand, feuchten Säcken oder Folie. Das Wasser ist möglichst bald, ohne den Untergrund zu zerstören, einzulassen.
Ziegel werden in zwei Schichten fugenversetzt verlegt. Sie quellen im Wasser auf und dichten dann den Untergrund gut ab.

Die Tonschicht darf nie ganz austrocknen

Ein völliges Austrocknen der Anlage ist besonders im Sommer zu vermeiden. Durch die breiten Risse in der Tonschicht wird der Gewässergrund undicht. Schilf, Rohrkolben und Kalmus durchwachsen mit ihren Wurzeln die Sohle. Im Interesse einer möglichst lange dichten Gewässersohle verzichtet man auf solche Pflanzenarten.

Pflanzen mit starken Wurzeln gehören nicht in Gewässer mit Tonabdichtung

Beton

Bei richtiger Bauweise sind Betonabdichtungen lange haltbar. Ein Nachteil ist die langsame Erwärmung des Wassers im Frühjahr, da der Beton die Winterkälte lange speichert.

Lange Haltbarkeit spricht für Betonbecken

Der Untergrund unter geplanten Betonwannen muß fest gestampft werden, damit keine Hohlräume entstehen, die später zum Einbrechen des Betons führen könnten. Baustahlgittermatten geben der Betonwanne große Festigkeit (auch gegen Eisdruck), Feinzementlagen und wasserdichte Anstriche verhindern Wasserverluste. Diese Anstriche sind oft sehr glatt und können dadurch ein Festhalten von Tieren und auch Pflanzen erschweren oder völlig verhindern. Im Uferwasserbereich angebrachte Gitter oder Matten können hier Abhilfe schaffen. Anfangs noch wasserdurchlässiger Beton wird durch Schlamm und Sand allmählich von allein dicht. Sand, Kies und Schotterlagen überdecken den Beton, so daß er nicht mehr sichtbar ist.

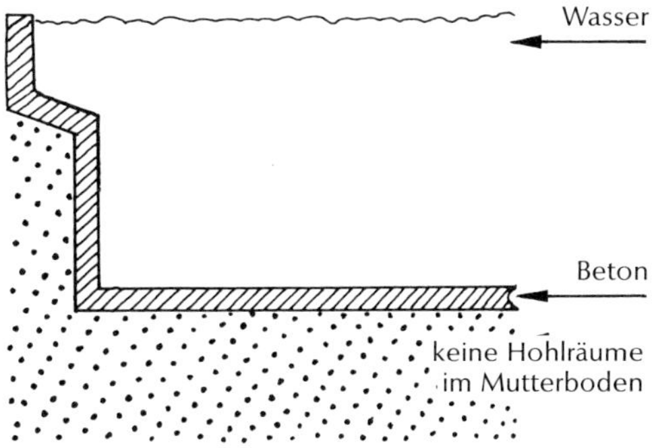

Es sollten von Anfang an Flachwasserbereiche eingeplant werden

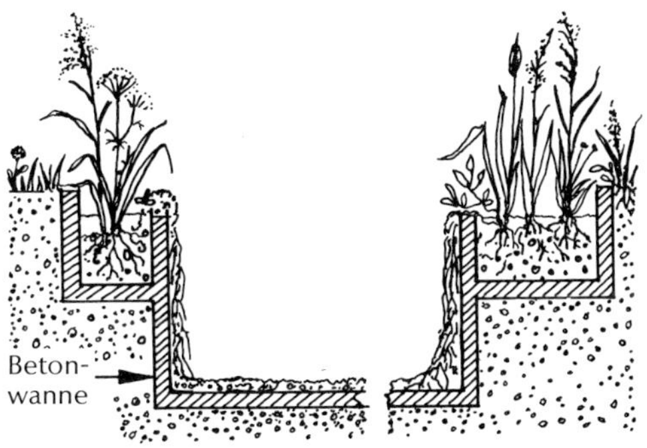

Betonbecken mit Flachwasserbereichen (verändert nach LOHMANN,1983)

Ein Nachteil von Betonwannen ist der hohe Aufwand bei einer unter Umständen notwendigen Beseitigung des Gewässers.

Weitere Möglichkeiten zur Wasserspiegelhaltung sind das Anstauen von Quellen oder Bächen mit einem Damm bzw. die Abtragung von Erde bis unter den Grundwasserhorizont.

Begehbare Gewässerränder sind günstige Beobachtungsposten

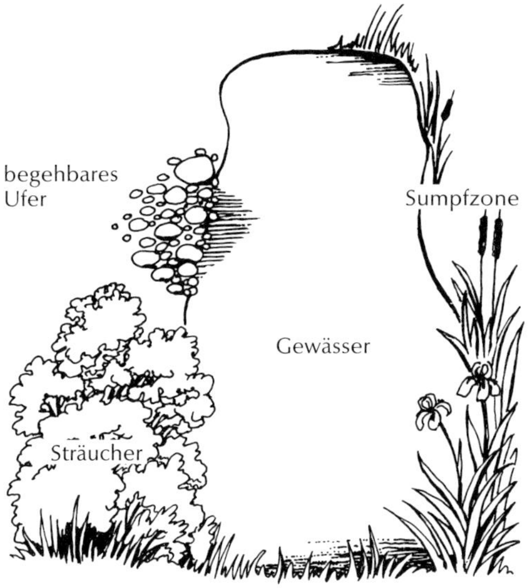

Um Ressourcen zu sparen, speist man das Gartengewässer mit Regenwasser

Humus gehört nicht in ein Gartengewässer

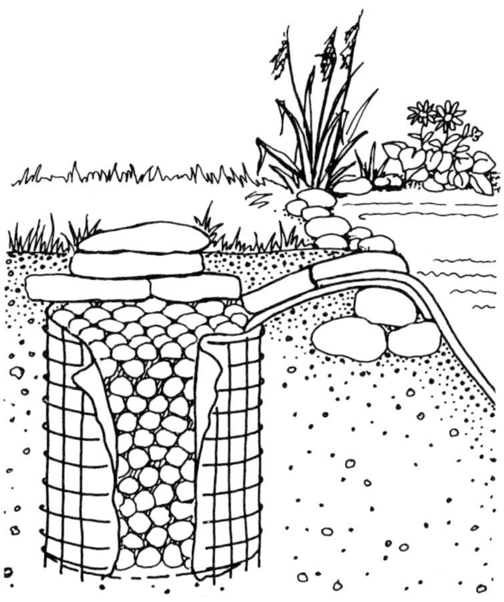

Kapillarbrechende Zone = Unterbrechung der Bodenkapillare durch Einbringen einer Kiesschicht

(nach WILKE,1993)

Gestaltung der Anlage

Der Gewässerrand kann begehbar oder unbegehbar (Sumpfzone) angelegt werden. Es empfiehlt sich, einen gewissen Abschnitt begehbar zu gestalten, weil es im Gartenteich immer neue und interessante Dinge zu beobachten gibt. Dieser Bereich wird mit Sand, Kies, Steinen, Natursteinplatten und/oder Holz ausgestattet.

Der Wasserzufluß zum Gewässerbiotop muß gesichert sein. Denkbar ist ein Zufluß über die Regenrinne. Der Überlauf kann in eine Sickergrube geleitet werden, die beispielsweise aus einem mit Steinen oder Kies gefüllten Loch in der Nähe des Biotops besteht, das mit diesem durch eine Dachrinne oder einem Graben verbunden ist. Wird Leitungswasser in das Gewässer eingespeist, sollte es zum Entweichen des Chlors z. B. in einer Tonne »zwischengelagert« werden.

Als Bodensubstrat zum Bepflanzen mit Sumpf- und Wasserpflanzen und als Grundlage für die Besiedlung mit Tieren eignet sich am besten ein Gemisch aus Sand, Kies, Lehm und Ton bzw. nur einiger dieser Komponenten. Es darf kein Humus eingefüllt werden, denn dieser fördert durch seinen Nährstoffreichtum die Veralgung und beschleunigt im Uferbereich ähnlich einem Docht die Wasserverdunstung. Eine kapillarbrechende Zone wird durch eine Schicht groben Kies geschaffen.

Gestaltung der Anlage

Die Gestaltung des angrenzenden Umlandes ist ebenfalls von großer Bedeutung. Je vielfältiger es ist, desto artenreicher kann die zukünftige Lebensgemeinschaft im und am Gewässer werden. Was man hier tun kann, hängt von der Gartengröße ab. Möglich sind beispielsweise das Anlegen von Flachufern, Steilufern, Mauern, Buchten, sandigen offenen Landzungen, Inseln, das Ablegen von Steinen, Ästen und Baumstümpfen in Gewässernähe sowie die natürliche Ansiedlung oder Bepflanzung mit Bäumen, Sträuchern, Kräutern, Binsen, Sauer- und Süßgräsern.

Entsprechend der zur Verfügung stehenden Gartenfläche kann man den Uferbereich sehr vielfältig gestalten

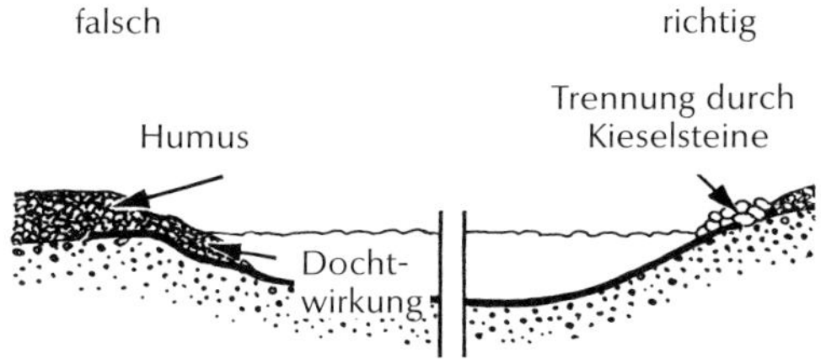

(nach Pretscher, 1989)

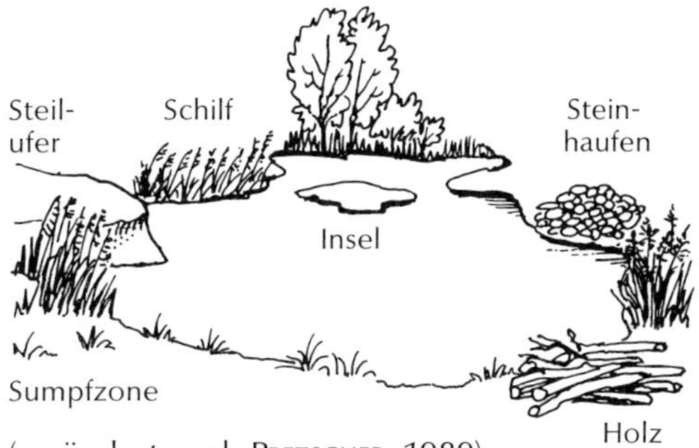

(verändert nach Pretscher, 1989)

Die Besiedlung mit Tieren und Pflanzen kann man dem Selbstlauf überlassen; dadurch ist am besten gewährleistet, daß im Gebiet heimische Arten das Gewässer besiedeln und einen neuen Lebensraum bekommen. Samen von Wasserpflanzen werden von Vögeln oder vom Wind verfrachtet. Wenn in der näheren Umgebung kein Gewässer vorhanden ist, muß man ein bißchen Geduld aufbringen, aber irgendwann beginnt in jedem Fall die Besiedlung des Gartengewässers.

Goldfische oder andere Aquarienfische gehören zugunsten heimischer Tiere nicht in solch ein Gewässer.

In schon existierenden Feuchtbiotopen bestehen bereits Lebensgemeinschaften. Deshalb gilt hier der Grundsatz: Erhalten geht vor Gestalten!

Das Besiedeln geht umso schneller, wenn in näherer Umgebung schon andere Feuchtbiotope existieren

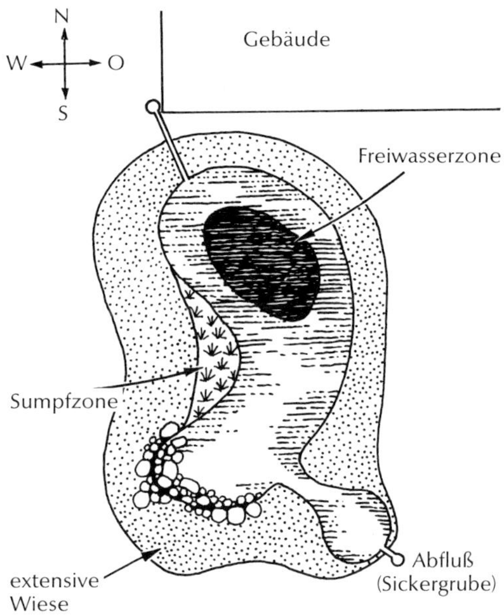

(nach Hribernik, Naturteiche, Garten- und Schultümpel; Österr. Naturschutzbund, 1984)

Gestaltung der Gewässeranlagen

Von Zeit zu Zeit müssen Laub, Algen und Wasserlinsen entfernt werden

Entfernung von Laub, Algen und Wasserlinsen

Pflanzen für verschiedene Tiefenbereiche von Gewässern
(unter Verwendung von BRUN 1981, LAAS 1990)

Deutscher Name	Wissenschaftlicher Name
Sumpfzone (0–5 cm)	
Echtes Mädesüß	*Filipendula ulmaria*
Flatter-Binse	*Juncus effusus*
Gemeiner Blutweiderich	*Lythrum salicaria*
Gemeiner Gilbweiderich	*Lysimachia vulgaris*
Pfennigkraut	*Lysimachia nummularia*
Schlank-Segge	*Carex gracilis*
Sibirische Schwertlilie	*Iris sibirica*
Sumpf-Dotterblume	*Caltha palustris*
Sumpf-Vergißmeinnicht	*Myosotis palustris*
Wasser-Schwertlilie	*Iris pseudacorus*
Flachwasserzone (5–30 cm)	
Ästiger Igelkolben	*Sparganium erectum*
Gemeiner Froschlöffel	*Alisma plantago-aquatica*
Pfeilkraut	*Sagittaria sagittifolia*
Schwanenblume	*Butomus umbellatus*
Zwerg-Rohrkolben	*Typha minima*
Freiwasserzone (ab 30 cm)	
Gem. Wasserhahnenfuß	*Ranunculus aquatilis*
Seekanne	*Nymphoides peltata*
Seerosen-Arten	*Nymphaea* spec.
Wasserlinsen-Arten	*Lemna* spec.
Wassernuß	*Trapa natans*
Unterwasserzone	
Krauses Laichkraut	*Potamogeton crispus*
Krebsschere	*Stratiotes aloides*
Wasserfeder	*Hottonia palustris*

Entschlammt werden muß erst, wenn die freie Wasserfläche für die Tiere nicht mehr ausreicht

Pflege

Wenn bereits ein naturnah gestaltetes Gewässer vorhanden ist, gibt es nur selten einen Grund einzugreifen.
Eine mechanische Entfernung von übermäßigem Algen- und Wasserlinsenwuchs und hineingefallenen Pflanzenteilen (z. B. Laub) ist sinnvoll, um einer raschen Verlandung und Nährstoffanreicherung vorzubeugen. Vorübergehend ausgebreitete Folien oder andere Stoffe können im Herbst vor Laubfall schützen. Die Verlandung von anfangs nährstoffarmen Gewässern ist ein natürlicher Vorgang, welchem aber zugunsten der Erhaltung der primären Lebensräume für Tiere und Pflanzen im Garten ständig entgegengewirkt werden muß. Auftretende Algen werden z. T. von Kaulquappen aufgefressen oder durch die Blätter von See- oder Teichrosen ausgedunkelt. Auch Wasserlinsen wirken beschattend, sind aber selbst in großflächiger Ausdehnung nicht erwünscht.
Eine Entschlammung von verlandeten Gewässern wird dann notwendig, wenn nicht mehr genügend freie Wasserfläche für die Tiere zur Verfügung steht. Solche Arbeiten müssen in jedem Falle schonend vorgenommen werden. Das ausgehobene Material wird einige Tage in unmittelbarer Nähe des Gewässers gelagert, um wenigstens einigen Tieren eine Rückwanderung zu ermöglichen. Tiere, die zu sehen sind, setzt man von Hand zurück. Bei der Entschlammung darf der

Grund nicht beschädigt werden. Am besten lassen sich solche Eingriffe im Frühherbst vor Überwinterungsbeginn der Tiere durchführen.

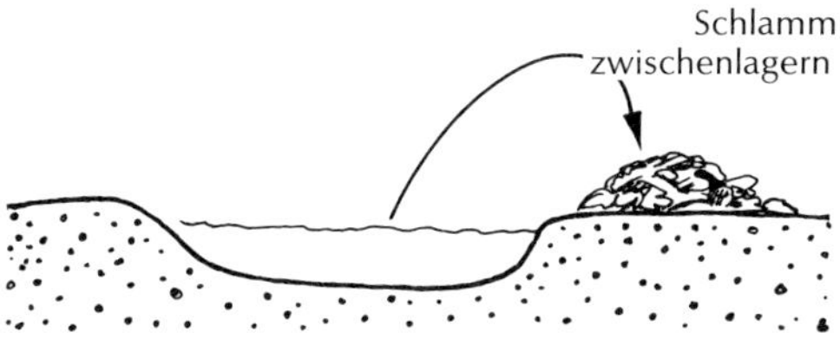

Entschlammung schonend vornehmen

Das Entschlammen führt man am besten im Herbst durch

Es wird ab und zu nötig sein, Wasser aufzufüllen. Dies muß sorgsam erfolgen, weil zu heftig einströmendes Wasser Ausspülungen und Umlagerungen des Gewässerbodens bewirken kann.

In größeren Zeitabständen ist das Auffüllen von Wasser nötig

Auch eine Regeneration des Wassers selbst und somit eine Ausschwemmung von Nähr- und Schwebstoffen ist möglich. Dazu führt man an der oben liegenden Seite des Gewässers frisches Wasser zu. Das überlaufende Wasser schwemmt über den Rand oder in die Sickergrube. Bei geringen Fließgeschwindigkeiten treiben kaum Tiere ab.

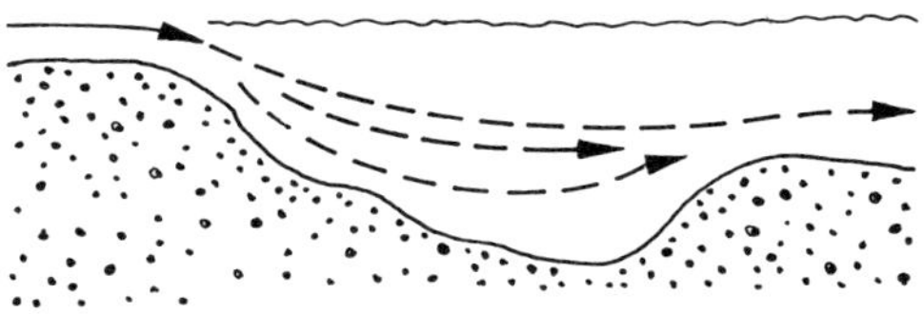

Durch den Gartenteich strömt frisches Wasser

Undicht gewordene Gartengewässer können ausgeräumt und abgedichtet werden, oder sie werden mit Erde aufgefüllt und können sich dann zur Feuchtwiese entwickeln.

Bach

Ein Sonderfall ist das Vorhandensein eines Baches im Garten. Solch ein fließendes Gewässer muß in seinem ursprünglichen Verlauf erhalten oder rückgebaut werden. Das gleiche gilt für seine Uferzone.

Künstliches Anlegen eines Baches ist kostspielig und nicht ratsam

Die Neuanlage eines fließenden Gewässers im Garten ist nicht zu empfehlen, da ständiger Energieeinsatz nötig

Mit der Zeit entwickelt sich eine typische Vegetation, dazu gehören Sauergräser, Wiesenschaumkraut, Sauerampfer, Sumpf-Dotterblume, Orchideen u.a.

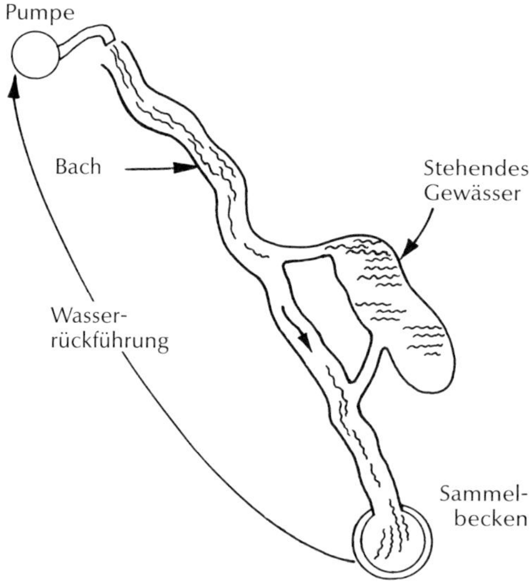

Wasser im ständigen Kreislauf erfordert Energieeinsatz

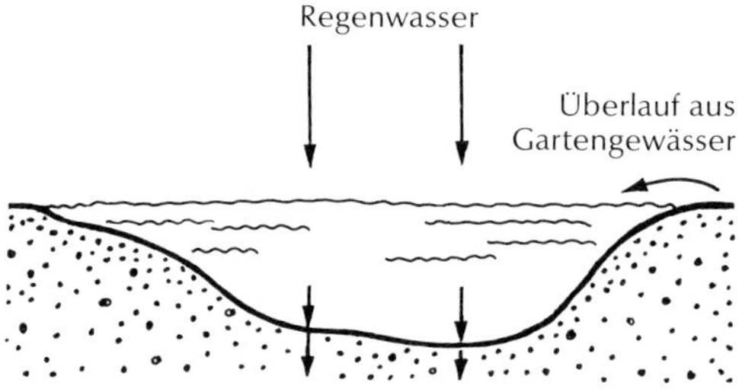

Undichtes Gartengewässer wird mit Erde aufgefüllt und kann sich zur Feuchtwiese entwickeln

ist, um das Wasser in einem solchen Kunstwerk im Kreislauf zu halten. Es gibt zwar vom Stromnetz unabhängige Solarpumpen, aber wenn die Sonnenernergie nicht ausreicht, benötigen auch diese Pumpen Strom aus dem Netz.

Feuchtwiese

Eine Feuchtwiese ist nicht mit der Sumpfzone am Gartengewässer zu verwechseln. Sie wird nur periodisch überschwemmt, das bedeutet, daß die Pflanzen nicht ständig im wasserdurchtränkten Boden stehen. Der Aufwand für eine künstlich angelegte Feuchtwiese im Garten und deren Pflege ist relativ hoch. Man sollte sich darauf beschränken, vorhandene feuchte Stellen zu erhalten bzw. deren eventuell unterbrochene Wasserzufuhr wieder herzustellen.

Gemeiner Froschlöffel wächst
bevorzugt in der Flachwasserzone

Lebensräume mit totem Holz

Wegen des hohen Gefährdungsgrades vieler an Totholz gebundener Insektenarten ist es notwendig, Alt- und Totholzschutz zu betreiben. Die in ihrem Leben an diese Substrate gebundenen Tiere sind in Mitteleuropa besonders stark gefährdet, so daß alle Möglichkeiten, etwas zu ihrer Erhaltung beizutragen, unbedingt genutzt werden sollten.
Gegen den Erhalt von Alt- und Totholz gibt es vielfältige Widerstände, die schon bei der Begriffswahl beginnen: so bezeichnet man z. B. Alt- und Totholz als »Schadholz, Baumleichen, Verseuchungsherde, Fäulnisplätze«. Für eine übertriebene »Ordnung« und die deshalb erforderliche Totholzbeseitigung werden auch ästhetische Argumente aufgeführt. Bekanntlich läßt sich über Geschmack streiten, dennoch erhebt sich die Frage, ob unsere Schönheitskriterien nicht doch korrigiert werden müßten. Von Totholz geht keinerlei Gefahr für lebende Bäume und Sträucher aus. Dessen Erhaltung im Garten zeugt von ökologischem Weitblick, aber nicht von Unordnung.
Im nachfolgenden Kapitel werden die Bedeutung von Alt- und Totholz sowie Möglichkeiten zu seinem Schutz dargestellt. Gerade in naturnahen Gärten sollten die wertvollen, natürlichen Altholzbestände erhalten bleiben. Dazu gehören besonders Obstwiesen oder einzelne Obstbäume wie Apfel und Birne sowie Laubbaumbestände, z. B. Eichen, Linden und Birken. Wichtige Ersatzlebensräume für holzbewohnende Tiere sind Holzhaufen und Holzzäune. Einige Grundsätze für deren Anlage bzw. Erhaltung werden genannt.

◁ Moose und Pilze besiedeln totes Holz

Lebensräume mit totem Holz

Pionierarten sind Erstbesiedler eines Geländes

Klimax ist das relativ stabile Endstadium einer Vegetationsentwicklung

Viele Vögel, Fledermäuse, Insekten u. a. suchen sich in abgestorbenem Holz Verstecke oder Nistplätze

Buntspecht (*Dendrocopos major*)

Waldkauz (*Strix aluco*)

Alt- und Totholz

Der ökologische Wert als Lebensraum

Unter Alt- und Totholz versteht man die Alters- und Zerfallsphasen von Gehölzen. Der Zeitpunkt des Eintritts in diese Phasen ist unterschiedlich. So erreicht eine Pionierbaumart (Birke) diese Stadien eher als eine Klimaxbaumart (Buche).
An absterbendes und totes Holz sind sehr viele Tier- und auch einige Pflanzenarten gebunden. Aufgrund ihres hohen Spezialisierungsgrades gehören sie oftmals zu den seltenen Arten oder sind vom Aussterben bedroht.

So sind einige heimische Spechtarten bei der Nahrungssuche auf Holz angewiesen. Sie ernähren sich in erster Linie von Insekten und deren Larven, die unter der Rinde bzw. im Inneren des Holzes leben. Alle Spechtarten brauchen auch geschädigtes oder totes Holz zur Anlage von Wohn- und Nisthöhlen. Die Erhaltung von altem, stehendem Holz bewirkt also eine Förderung der Spechte und schafft gute Bedingungen für andere Arten dieses Habitats, z. B. Baumläufer, Meisen und Eulen, aber auch der Fledermäuse.

Relativ viele Arten von Hautflüglern sind auf Alt- oder Totholzstrukturen als Nist-, Entwicklungs- und Überwinterungshabitat angewiesen. Außerdem nutzen sie solche Strukturen als Besonnungs-, Rendezvous- und Schlafplatz.

Die meisten Arten sind an bestimmte Baumarten, Substratzustände und Hohlraumdurchmesser angepaßt. Sie bevorzugen windstille und besonnte Bereiche. Manche Hautflügler sind gleichzeitig Blütenbesucher, es ist also ein ausreichendes Blütenangebot in der Umgebung nötig.
Unter den Insekten, welche an Totholz leben, spielen hinsichtlich Artenzahl (in Mitteleuropa ca. 2000 Arten!) und Seltenheitswert die Käfer die größte Rolle.

Viele totholzbewohnende Tierarten sind sehr selten

Hallimasch (*Armillaria* spec.) an Baumstumpf

Daß auch Pilze, Flechten und Moose, die wiederum Lebensraum für viele Insekten- und andere Tierarten bieten, auf Holz wachsen können, ist im allgemeinen bekannt. Sie sind auf den am Boden liegenden Ästen zu finden, wachsen an lebenden und an toten Bäumen, an aufrecht stehenden sowie an bereits liegenden, vermodernden Stämmen und auch auf Baumstümpfen.

Möglichkeiten zur Erhaltung
Stehende tote oder absterbende Stämme müssen besonders dringlich erhalten werden. Durch die unterschiedliche Feuchtigkeit des Holzes in den verschiedenen Höhen über dem Erdboden (vertikaler Gradient) bildet sich eine andere Pilzflora und Fauna aus als bei liegendem Holz. Wipfeldürre Äste sollten ebenfalls in möglichst großer Dichte toleriert werden. Empfohlen wird auch das Anlegen von Hochstubben (mindestens 3 m Höhe),

Die Besiedlungsdichte des Holzes hängt u. a. von der Feuchtigkeit und vom Pilzbefall ab

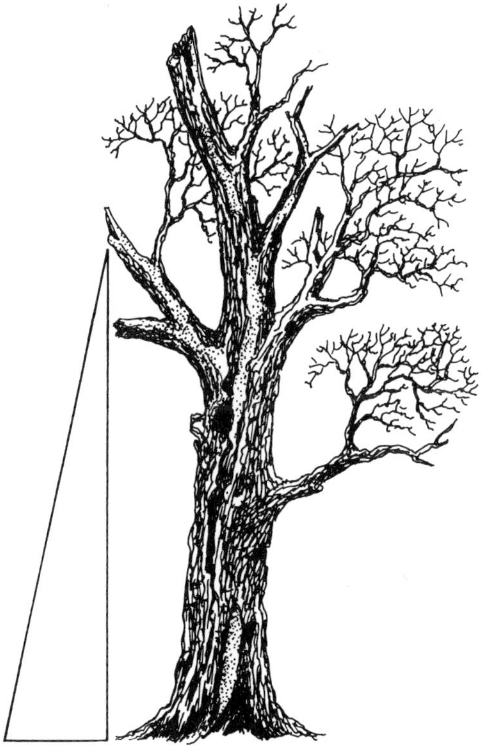

Feuchtigkeit nimmt im abgestorbenen Baum nach oben hin ab

Lebensräume mit totem Holz

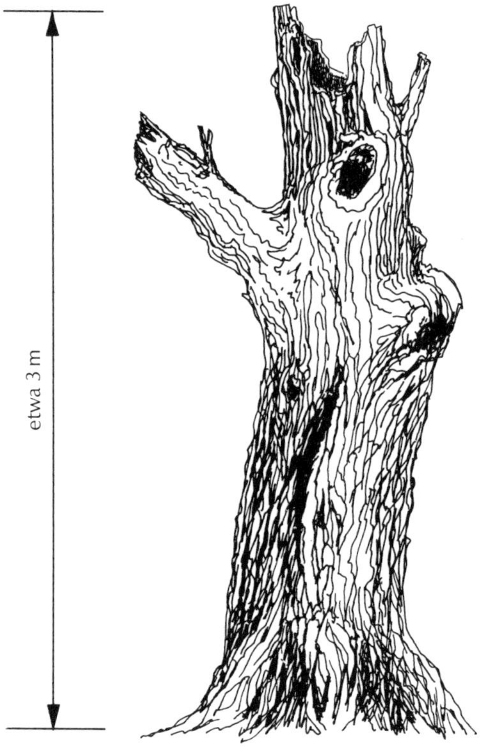

»Hochstubben«

Auch abgestorbene Bäume besitzen noch wichtige Funktionen, deshalb:
- **bleiben Baumstümpfe erhalten**
- **läßt man absterbende bzw. tote Bäume stehen**

das Liegenlassen großer Stämme und möglichst dicker Äste (Lagerung übereinander). Mindestens 25 Prozent des Holzes sollte sonnenexponiert sein, da 500 bis 1000 heimische Insektenarten direkt von der Sonneneinstrahlung abhängig sind.

Die beste Möglichkeit, alt- und totholzbewohnende Tiere, Pilze oder Moose zu erhalten bzw. zu fördern, ist also die Erhaltung ihrer natürlichen Lebensstätten. Ein weiterer Schritt zur Verbesserung des Lebensraumangebotes besteht in einer Verringerung der Intensität und Häufigkeit der Eingriffe in die vorhandenen Gehölzstrukturen. Im Naturgarten empfiehlt es sich, folgende Regeln einzuhalten:
- Die Stümpfe gefällter oder umgebrochener Bäume müssen erhalten bleiben und dürfen nicht gerodet oder herausgefräst werden.
- Absterbende und tote Bäume bleiben so lange wie möglich stehen. Hierbei ist natürlich zu beachten, daß sie nicht durch das Umbrechen bzw. durch herabfallende Äste zu einer Gefahr für die Gartennutzer werden dürfen.

Die Sicherheit der Gartennutzer ist jedoch zu beachten

Oft ist im Garten kein entsprechendes Holz für holzbrütende Hautflügler vorhanden. Man müßte also warten, bis gepflanzte oder vorhandene Gehölze das entsprechende Alter erreichen, und das kann Jahrzehnte dauern. Als sofortige Lösung ist das Anbieten von künstlichen Nisthilfen möglich. Sehr

einfach und wirkungsvoll sind Holzstücke mit unterschiedlich großen Bohrlöchern. Diese Hölzer müssen an windstillen und sonnigen Stellen von Bäumen oder Hauswänden, am besten an der Ostseite, angebracht werden. Die Durchmesser der Nistlöcher sollten zwischen 1 und 10 mm schwanken. Die Röhren bohrt man am günstigsten mit einer Bohrmaschine. Die Tiefe (5 bis 10 cm) entspricht der Bohrerlänge, die Röhren müssen waagerecht bis schwach aufwärts gerichtet sein, weil sonst Regenwasser hineinlaufen kann. Aus halbierten Baumstämmen lassen sich 50 cm lange Stücke mit ca. 20 cm Durchmesser oder mehr sägen, auch Hartholzblöcke können verwendet werden. Die genannte Größe ist günstig für eine ausreichende Haltbarkeit und Temperaturregulation, eine Überhitzung im Sommer wird vermieden. Ebenso kann man Baumstümpfe, Holzpfähle oder Balken mit Bohrungen versehen.
Eine weitere Möglichkeit ist das Aufhängen von 10 bis 15 cm langen gebündelten Stroh- oder Schilfhalmen, Bambusrohr oder markhaltigen Stengeln (Brombeere, Himbeere, Rose, Holunder) selbst Plastiktrinkröhrchen sind geeignet. Härtere Zweige kann man bündeln, die Strohhalme werden in eine Dose gesteckt oder an einem Ende in Gipsbrei getaucht. Die Bündel müssen fest (Schaukeln stört die Hautflügler) auf Bäumen, an Mauerwerk o. ä. angebracht werden. Man wird im Frühjahr überrascht sein, wieviele Be-

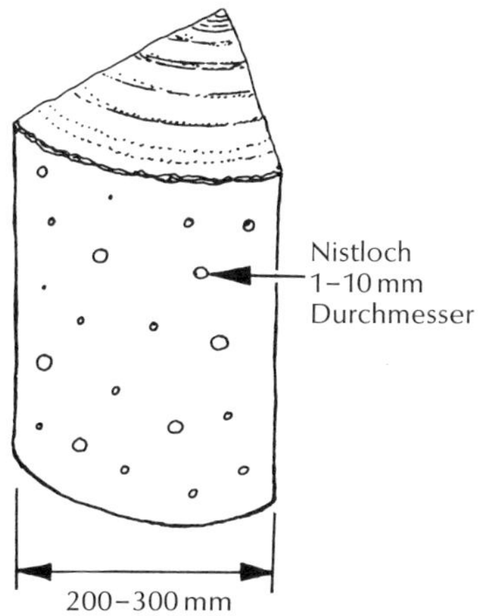

a)

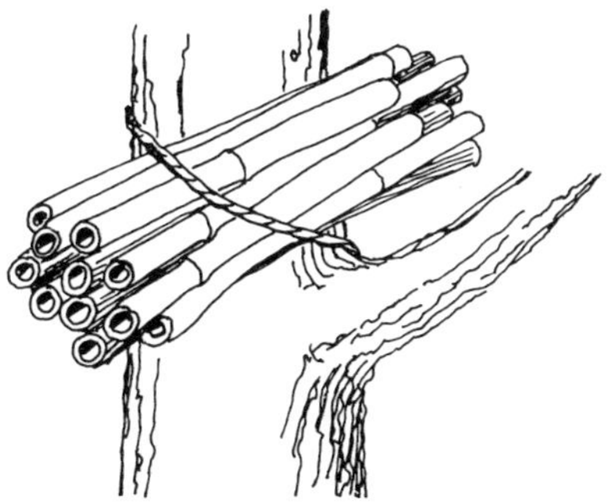

b)

Nisthilfen
a) Holzstück mit Bohrungen
b) Halmbündel mit den Öffnungen leicht abwärts gerichtet an einen Baum binden

In neu angelegten Gärten gibt es oft noch kein abgestorbenes Holz, deshalb leisten künstliche Nisthilfen den Hautflüglern gute Dienste

Die Holzstücke werden an Bäumen, Hauswänden, Zaunpfählen (Ost bis Südost) angebracht

Der günstigste Zeitpunkt zum Aufhängen von Nisthilfen ist der Herbst

Lebensräume mit totem Holz

Baumschnitt, Laub u. a. ergeben einen vorzüglichen Reisighaufen

Schnittholzhaufen

Durch Vernichtung von Reisig sind folgende Tiere besonders gefährdet:
- **Rotkehlchen (*Erithacus rubecula*)**
- **Zaunkönig (*Troglodytes troglodytes*)**
- **Igel (*Erinaceus europaeus*)**
- **Mauswiesel (*Mustela nivalis*)**
- **Spitzmäuse (*Soricidae*)**
- **Erdkröten (*Bufo bufo*)**
- **Zauneidechsen (*Lacerta agilis*)**

wohner die künstliche Nisthilfe angenommen haben.

Holzstapel und Reisighaufen

Unkenntnis kann viele Gartentiere gefährden. Wenn z. B. das aufgeschichtete Reisig des Obstbaum- oder Heckenschnittes verbrannt wird, werden Singvögel, Säugetiere, Amphibien und Reptilien sowie zahlreiche Insekten einen Teil ihres Lebensraumes verlieren oder gar getötet. Dieses tote und vermodernde Holz ist ein wichtiges Glied im Stoffkreislauf der Natur. Es darf auf keinen Fall verbrannt werden. An geeigneten Stellen im Garten wird vielmehr ein Reisig- bzw. Totholzhaufen aufgeschichtet. Auch Laub, Äste, Wurzeln und Baumstümpfe können verwendet werden. Ein günstiger Standort zur Anlage eines solchen Biotopes ist eine mit Sträuchern bewachsene Gartenecke, an deren Rand das Holz abgelegt wird. Man braucht nicht zu befürchten, daß einem das tote Holz »über den Kopf wächst«: es verrottet im Laufe der Jahre.

Die Ablagerung von Ast- und Stammstücken, Brettern und Bauholzresten ist ebenfalls möglich und oft auch nötig. Viele Wohnungen haben nur noch Öl-, Gas- oder Elektroheizung und somit keine Möglichkeit, anfallendes Holz zum Heizen zu verwenden. Dieses kann im Garten direkt auf der Erde mit möglichst vielen unregelmäßigen

Hohlräumen gestapelt werden. Durch die über die Erde ins Holz ziehende Feuchtigkeit wird die erwünschte Rotte ziemlich schnell beginnen. So ein Haufen kann ständig weiter mit Holz belegt werden, oder man überläßt ihn völlig seinem natürlichen Zerfall.

Eine weitere Möglichkeit ist das Eingraben 1 bis 2 m langer Stammstücke in den Erdboden. Diese Stücken sollten einen Mindestdurchmesser von 30 cm haben. Sie bleiben immer am einmal festgelegten Standort. Man kann die Stammstücke 20 bis 30 cm tief eingraben, damit die Standsicherheit erhöht wird. Als Standort kommen die Randbereiche von Gehölzen, Gartengewässern oder blumenreichen Wiesen in Frage.

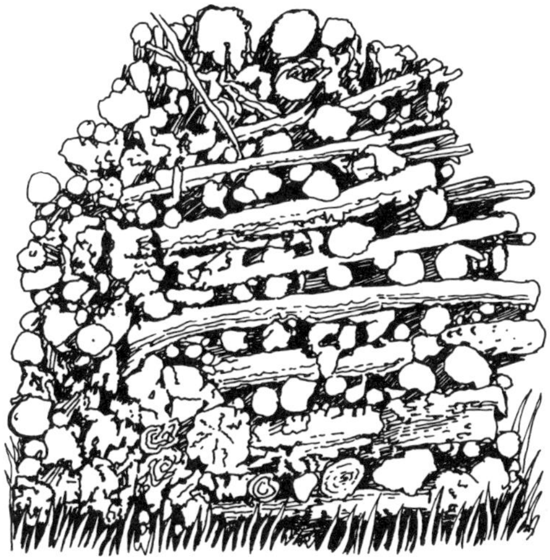

Abgelagertes Holz mit vielen Hohlräumen

Abgesägte Stammstücken werden senkrecht in den Erdboden eingegraben

Holzzäune

Unbehandelte hölzerne Zaunpfähle, am besten noch mit Borke, bieten für einzelne Wildbienenarten hervorragende Nist- und Unterschlupfgelegenheiten. Auch andere Tiere wie Marienkäfer, Ohrwürmer und Spinnen, finden unter der Rinde oder in Holzspalten Unterschlupf.
Beim Neubau von Zäunen sind Hölzer einheimischer Baumarten wie Eiche (*Quercus*), Buche (*Fagus*) und Obstbäume zu bevorzugen. Gerade Harthölzer (Eiche) bieten vielen Tierarten ein Maximum an Entwicklungsmög-

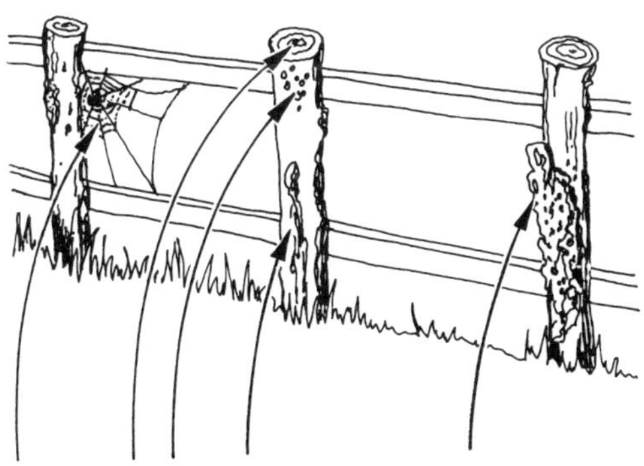

Unterschlupfmöglichkeiten und Lebensräume für Insekten und Spinnen (nach Plachter und Reich, 1989)

Im Zeitalter der kesseldruckimprägnierten Gartenzäune sind witterungsanfällige, unbehandelte Zäune selten geworden

lichkeiten. Dank der Witterungsbeständigkeit von Eichenpfählen ist das schädliche Imprägnieren nicht notwendig.

Eichen- und Robinienpfähle sind sehr witterungsbeständig und haltbar

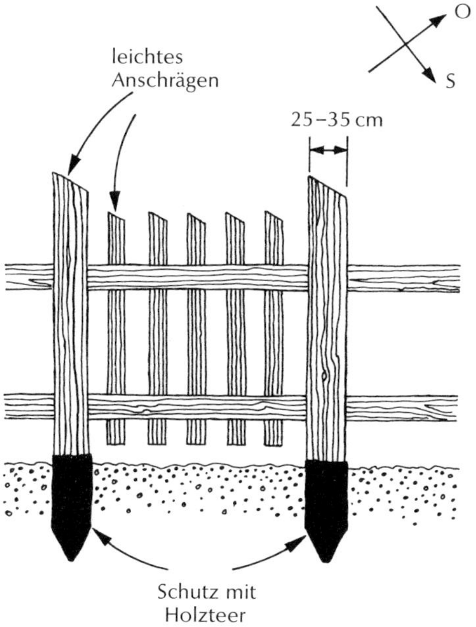

Bei Neubauten bzw. Instandsetzungen sollte nur unbehandeltes, gift- und fungizidfreies Holz verarbeitet werden. Der im Boden steckende Teil der Pfähle kann gegen schnelles Verrotten z. B. mit Holzteer geschützt werden.
Viele Tierarten benötigen in ihrer Wohnung aus Holz ein möglichst ausgeglichenes Innenklima (Temperatur, Trockenheit). Die Zaunpfähle sollten deshalb Durchmesser von ca. 25 bis 35 cm aufweisen. Winkelig zusammentreffende Holzteile wie Latten und Riegel bieten eine günstige Raumstruktur für netzbauende Spinnen.

Zaunpfosten sind beliebte Sitzplätze für Vögel und viele andere sonnenhungrige Tiere

Sonnenexponierte, annähernd horizontale Holzflächen werden von manchen Insekten als Ansitzwarten und Aufheizplätze sowie von Vögeln als Singwarten genutzt. Diese Flächen dürfen nicht durch Blechbüchsen oder Dachpappe verunstaltet werden. Schutz gegen stehendes Regenwasser läßt sich durch leichtes Anschrägen (möglichst in Richtung Sonne) erreichen. Dann kann das Wasser leichter ablaufen und dringt nicht so schnell ins Holz ein.

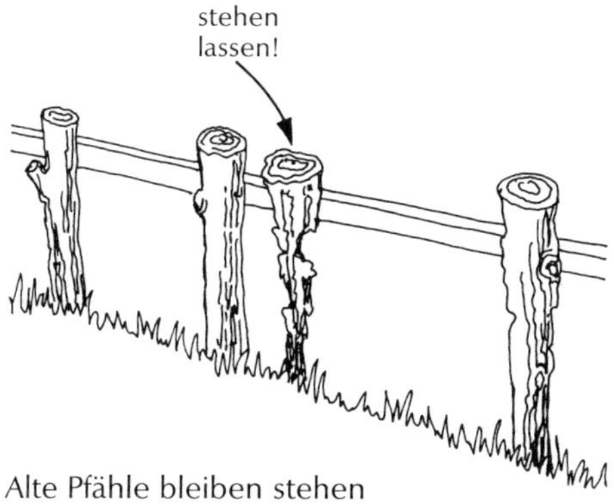

Alte Pfähle bleiben stehen (nach Plachter und Reich, 1989)

Wenn Holzpfosten aus technischen Gründen ersetzt werden müssen, sollten die alten Pfähle unbedingt stehenbleiben und dem völligen Zerfall überlassen werden. Die alten Pfähle können mit in die neuen Zäune integriert werden. Dadurch bleiben sie als Lebensraum für viele Tiere noch eine Weile erhalten. Wenn das nicht möglich ist, müssen sie mindestens 2 Jahre gelagert werden, um den im Inneren befindlichen Insekten den Abschluß ihrer Entwicklung zu ermöglichen. Günstiger wäre es jedoch, diese Pfähle zur endgültigen Verrottung abzulagern, da sich auch in der Zwischenlagerzeit weitere Tiere ansiedeln.

Sehr negativ ist das nachträgliche Imprägnieren alter, teilweise schon verrotteter Zäune zu bewerten, denn alle im Holz lebenden Tiere werden dadurch abgetötet.
Zäune sollten bei Bedarf freigemäht werden, um die Besonnung zu gewährleisten. Das erhöht ihren Wert als Lebensraum und nicht zuletzt auch ihre eigene Lebensdauer.

Zäune müssen freigemäht werden

Zwischen Zaun und Erdboden bleiben wenigstens 10 cm Platz, damit z. B. Igel ungehindert passieren können

Grüne Wände und Dächer

Grüne Wände
Seite 119

Grüne Dächer
Seite 124

Zur Begrünung benötigt man eine Wand oder eine andere senkrechte Fläche, die sich mit Pflanzen gestalten läßt. Der Platz für solche »Grüne Flächen« im Siedlungsbereich ist zwar begrenzt, aber man darf die vertikalen Möglichkeiten nicht vergessen, denn die Höhe steht fast unbegrenzt zur Verfügung. Auf die Möglichkeiten zur Begrünung und »Beblühung« von Hausfassaden oder Dächern, Mauern, Spalieren, Rankgerüsten und Zäunen wird im folgenden näher eingegangen. Besonders bei der Begrünung von Häusern gilt es, Vorurteile abzubauen. Begrünte Fassaden bieten Tieren Lebensraum, z. B. Käfer, Spinnen und Vögel wie Gimpel, Grauschnäpper und Gartenrotschwanz.

Pflanzen an Hauswänden machen jede Siedlung lebendig, sie bringen ein Stück Natur zurück, wirken gestalterisch, sind ästhetisch und tun auch dem Haus gut. Jedes Haus erhält durch seine Begrünung ein oft schöneres und unverwechselbares Aussehen. Die Luftschicht zwischen dem Pflanzenpolster und der Hauswand verringert im Winter den Wärmeverlust von Gebäuden, im Sommer wird kühler Schatten gespendet. Der Regen tropft von den Blättern nach unten, so daß die Wand trocken bleibt. Im Raum zwischen den Blättern und dem Mauerwerk findet nur eine geringe Luftbewegung statt, die jedoch ausreicht, damit sich keine Feuchtigkeit auf die Dauer an den Wänden niederschlägt. Das Wurzelwerk zieht Wasser aus dem Boden und schützt somit das Mauerwerk vor Bodenfeuchte.

Zur Begrünung von Wänden und Dächern werden nur einige anregende Hinweise gegeben. Bevor man zur Tat schreitet, sollte man entsprechende Fachliteratur lesen.

Grüne Wände

Die heute vielfach mit großem Engagement vorangetriebene Gebäudebegrünung hat mancherlei Widerstände zu überwinden. Einer davon ist der immer wieder behauptete Schaden durch eindringendes »Ungeziefer« und die unbegründete Furcht besonders vor Spinnen – beides nur schwer auszuräumende Vorbehalte. Dabei finden sich unter den Insekten, die an Kletterpflanzen beobachtet werden können, fast keine sogenannten Schädlinge. Die Tiere, welche an einer begrünten Fassade leben, sind keine Arten, welche wir z. B. aus hygienischen Gründen von der Wohnung fernhalten wollen. Vielmehr sind es harmlose Bewohner der Bäume und Sträucher. Wenn doch einmal ein Irrgast in die Wohnung kommt, kann er wieder hinausgesetzt werden, oder er geht von allein, da für ihn in der Wohnung ohnehin keine geeigneten Lebensbedingungen herrschen.

Begrünte Wände haben eine eigenständige Tierbesiedlung, die sich von der kahler Wände auffällig unterscheidet. Die Besonderheit liegt vor allem in der durch die kletternden Pflanzen gebotenen Raumstruktur. Die Pflanzen als Nahrungsquelle sind für die Besiedlung nicht so ausschlaggebend wie die Strukturvielfalt.
Kletterpflanzen zerstören intaktes Mauerwerk nicht! Die Haftwurzeln von selbstklimmenden Pflanzen haben nur ein geringes Dickenwachstum,

Blauregen (*Wisteria sinensis*)

Mit Efeu (*Hedera helix*) begrünte Wände bieten Nistplätze für Vögel

Begrünte Wände sind empfehlenswerte Gestaltungsmöglichkeiten

Bei Häusern aus Fertigteilen sollte man vor dem Begrünen einen Fachmann fragen

Durch grüne Wände kommt kein »Ungeziefer« in die Wohnung

Architektonisch, ästhetisch und denkmalpflegerisch wertvolle Fassaden wirken ohne Begrünung

Selbstklimmer brauchen keine Kletterhilfen

Kletterpflanzen können sehr alt werden

und sie nehmen kein Wasser und keine Nährstoffe auf. Wenn der Putz an den Häusern vor der Begrünung mit selbstklimmenden Arten in Ordnung ist, kann durch die Bepflanzung kein Schaden entstehen. Die Triebe der Pflanzen können aber unter bereits lockeren Putz kriechen und diesen absprengen. Wegen der langen Lebensdauer der Pflanzen sind notwendige Sanierungen vor Beginn der Begrünung durchzuführen.

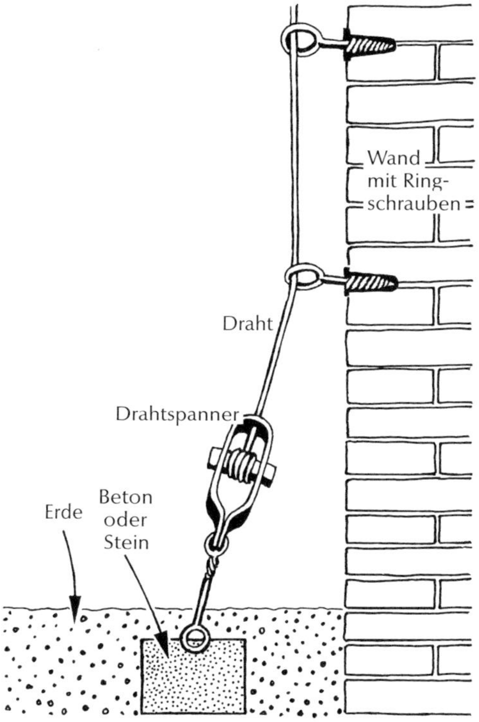

(nach STEINBACH, 1992)

Es gibt verschiedene Kletterhilfen:
– Drahtgerüst
– Spalier

Die einfachsten Kletterhilfen für windende und rankende Pflanzen bestehen aus einem netzartigen Drahtgerüst (feuerverzinkt, kunststoffbeschichtet) oder aus Kunststoffschnur (UV-beständig). Die einzelnen Teile sind waagerecht und/oder senkrecht miteinander verbunden und in etwa 40 cm Abstand zur Wand verspannt. Um die Drähte nachzuspannen, werden Drahtspanner mit eingebaut. Es empfiehlt sich, das Ranken oder Winden an senkrechter Bespannung (z. B. glatte Kunststoffschnur) durch Knoten oder eingeschlungene Holzstückchen zu erleichtern.

Für windende und rankende Pflanzen sind Draht bzw. Kunststoffschnur geeignet

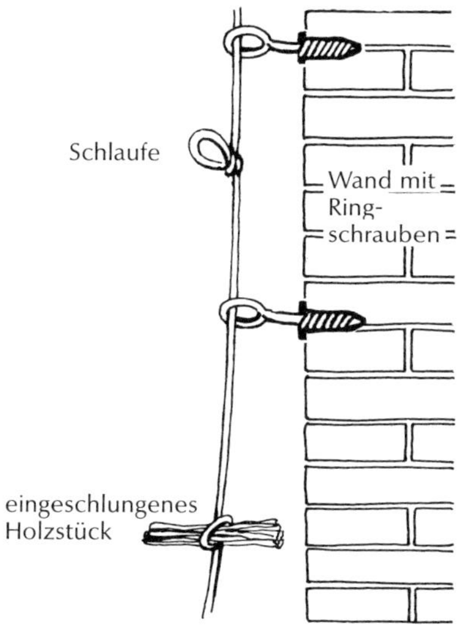

Spaliere können fest an die Fassade montiert werden oder sie sind abnehmbar angeschraubt

Eine weitere Kletterhilfe ist das Spalier, welches fest oder abnehmbar an der Wand angebracht werden kann. Ein solches Spalier hat Abstände von etwa 40 bis 60 cm zwischen den Latten und wird mit ca. 5 cm Abstand von der Wand montiert. Um diese Distanz zu wahren, kann man Hartholzstückchen, Metall oder anderes langlebiges Material verwenden. Ein abhängbares Gerüst besitzt den Vorteil, daß man notwendige Sanierungsarbeiten an Hauswänden durchführen kann, ohne die Pflanzen allzusehr zu beschädigen, weil sich das Lattengerüst zusammen mit den Pflanzen umlegen läßt.

Nach der Art des Aufrichtens und Festhaltens können Kletterpflanzen in verschiedene Gruppen unterteilt werden:

1. Selbstklimmende Arten haften mit Hilfe kleiner Saug- oder Haftscheiben (Haftwurzeln, die aber keine Nährstoffe und Wasser aufnehmen) fest am Untergrund.
2. Die windenden Pflanzen schlingen sich im ganzen um die Stütze herum und halten sich so fest.
3. Bei den rankenden Pflanzen sind bestimmte Teile zu Ranken umgebildet, mit denen sich die Pflanze am Gerüst halten kann.
4. Die Spreizklimmer lassen ihr gesamtes Sproßsystem auf einer Stütze aufliegen. Oftmals sind diese Stützen Sträucher, in welchen sich die Spreizklimmer Halt und den blühenden Trieben Sonnenlicht verschaffen. Spreizklimmer am Spalier müssen beim Weiterwachsen angebunden werden. Das geschieht locker, um genügend Platz für das Dickenwachstum zu lassen.

Es gibt auch Kletterpflanzen, die Früchte tragen. Beispiele sind Spalierobst, Brombeeren oder die Weinrebe.

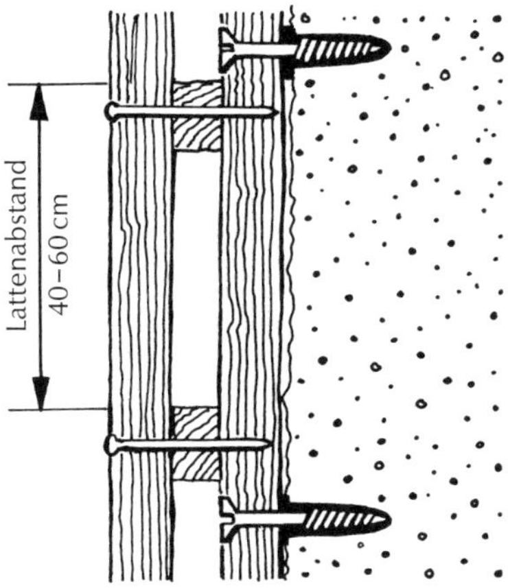

Kletterpflanzen lassen sich unterscheiden in:
– Selbstklimmer
– Pflanzenarten, die einer Kletterhilfe bedürfen (2. bis 4.)

Wandabstand 5 cm

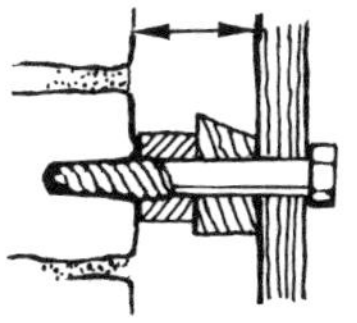

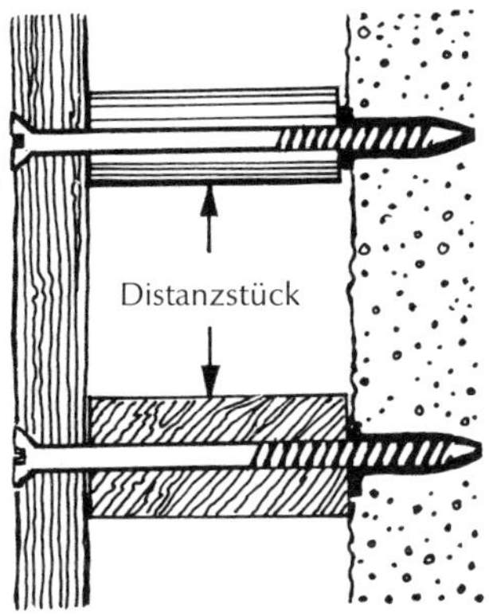

durch Distanzstück aus Metall oder Holz wird Abstand zur Wand gegeben

Spalierobst am Haus

Gestalterische Wirkungen werden mit verschiedenen Formen, Farben und Größen erreicht, z. B. durch:
– Blattfärbung, Blattstruktur
– Blüten
– Wuchsformen

Grüne Wände und Dächer

Übersicht über einige Kletterpflanzen
(unter Verwendung von GÜNTHER 1987, STEINBACH 1992)

Art	max. Höhe	Hausseite Ost	Süd	West	Nord
Selbstklimmende Arten					
Wilder Wein/Kletterwein (*Parthenocissus* spec.)	10 m	x	x	x	
Gemeiner Efeu (*Hedera helix*)	20 m	x		x	x
Trompetenblume (*Campsis radicans*)	8 m		x		
Kletterhortensie (*Hydrangea anomala*)	8 m	x	x	x	
Windende Pflanzen					
Pfeifenwinde (*Aristolochia macrophylla*)	6 m	x		x	x
Geißblatt (*Lonicera* spec.)	3 m	x		x	x
Blauregen (*Wisteria sinensis*)	20 m		x	x	
»Schlingknöterich« (*Fallopia aubertii*)	15 m	x	x	x	x
Gemeiner Hopfen (*Humulus lupulus*)	6 m	x	x	x	(x)
Rankende Pflanzen					
Waldrebe (*Clematis* spec.)	5 (30)m	x	x	x	
Weinrebe (*Vitis vinifera*)	10 m		x	x	
Spreizklimmer					
Kletterrosen (*Rosa* spec.)	5 m		x	x	
Brombeeren (*Rubus* spec.)	3 m	x	x	x	
Spalierobst					
Apfel, Birne, Kirsche	5 m		x	x	

Vor dem Anbringen einer Begrünung sind zu prüfen:
- **ist der Putz in Ordnung**
- **welche Anstriche wurden verwendet**

Folgendes ist beim Pflanzen zu beachten:
- **ausreichender Abstand der Pflanzen zur Wand**
- **nährstoffreicher Boden**
- **»Erziehung« der Triebe in gewünschte Kletterrichtung durch Anbinden unterstützen**

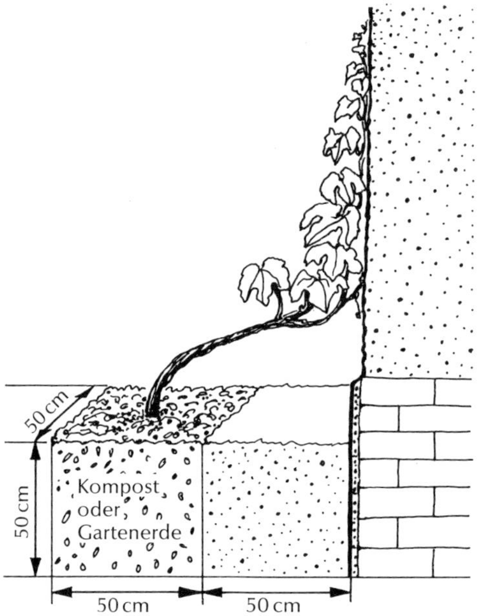

Pflanzabstand vom Haus und Größe der Pflanzgrube

Die Pflanzenartenwahl richtet sich nach der Himmelsrichtung der Hauswand und den angebotenen Klettermöglichkeiten. Wärme- und lichtbedürftige Arten werden an Südwände gepflanzt, schattenliebende Arten am besten an Nordwände.
Vorsicht ist beim Kauf von Wildem Wein angeraten, denn es gibt auch nicht selbstklimmende Sorten. Außerdem ist es vor der Begrünung ratsam, einen prüfenden Blick auf die Beschaffenheit der Hauswand zu werfen, weil beispielsweise die Möglichkeit besteht, daß die Haftwurzeln wegen bestimmter Farb- oder Kalkanstriche immer wieder absterben oder gar nicht erst halten. Die beste Pflanzzeit ist das zeitige Frühjahr oder der Herbst. Die meisten Kletterpflanzen benötigen guten Boden. Dieser ist oftmals in der Nähe der Hauswand schlechter als im angrenzenden Garten. Aus diesem Grunde sollte eine Pflanzgrube von 50 x 50 x 50 cm mit Gartenerde und Kompost gefüllt werden. Diese Grube muß 50 cm von der Hauswand entfernt ausgehoben werden. Der gewässerte Ballen wird in die Grube eingesetzt und mit Mulchmaterial vor schnellem Abtrocknen geschützt. Die Triebe der Pflanzen werden in die gewünschte Kletterrichtung geführt. Erste Kletter-, Rank- oder Windeversuche kann man durch Anlegen, Anbinden bzw. Befestigen der Triebe unterstützen.

Die Pflege der Kletterpflanzen beschränkt sich auf das Gießen in den er-

sten Jahren (später nur bei längerer Trockenheit) und auf ein gelegentliches Freischneiden von Fenstern und Türen.
Kletterer, welche unter Dachvorsprüngen wachsen, müssen auch im weiteren Wachstumsverlauf öfter einmal gegossen werden.
Immergrüne Pflanzen verlangen im Herbst eine gründliche Wässerung, da sie auch im Winter Wasser verdunsten.
Es ist unnütz, die sogenannte Pflanzscheibe umzugraben. Dadurch werden die Feinwurzeln zerstört und die Austrocknung des Bodens gefördert.
Pflanzen, die das Ende des ihnen zugestandenen Kletterraumes erreicht haben, bilden im oberen Teil dichte schwere Wülste, die abbrechen können. Man kann diesen Pflanzen entweder mehr Platz zur weiteren Ausbreitung geben oder sie zurückschneiden bzw. stark auslichten.

Mauern und Zäune, die vielleicht zur Begrenzung des Gartens dienen oder verschiedene Räume trennen, lassen sich hervorragend mit einbeziehen und begrünen. Zur »Beblühung« von Gartenzäunen, freistehenden Rankgerüsten oder Spalieren eignen sich vor allem einjährige Kletterpflanzen, z. B. Feuer-Bohne (*Phaseolus coccineus*), Garten-Bohne (*Phaseolus vulgaris*), Große Kapuzinerkresse (*Tropaeolum majus*), Pracht-Winde (*Calystegia silvatica*), Zaun-Winde (*Calystegia sepium*) und Zaunrübe (*Bryonia*).

Selbstverständlich müssen Kletterpflanzen auch gepflegt werden

Welche Pflege die einzelnen Kletterpflanzen benötigen, findet man in entsprechender Fachliteratur

Das Freischneiden von Fenstern und Türen ist eine Pflegemaßnahme

Zäunen, freistehenden Rankgerüsten, Pergolen u. a. steht ein grünes oder farbiges »Kleid« besonders gut

Grüne Wände und Dächer

Die Begrünung von Wohngebäudedächern überläßt man unbedingt einem Fachmann!

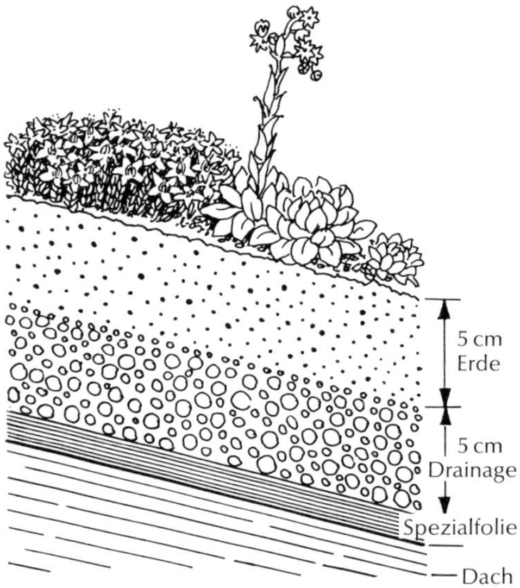

Anlage einer Dachbegrünung

An Garagen- oder Schuppendächern kann man sich u. U. selbst versuchen, wenn man sich die notwendigen Kenntnisse angeeignet hat

Pflanzenarten für ein pflegeloses Pflanzendach

Deutscher Name	Wissenschaftlicher Name
Dach-Hauswurz	*Sempervivum tectorum*
Felsen-Fetthenne	*Sedum reflexum*
Finger-Steinbrech	*Saxifraga tridactylites*
Große Fetthenne	*Sedum maximum*
Milder Mauerpfeffer	*Sedum sexangulare*
Purpur-Fetthenne	*Sedum telephium*
Sand-Donarsbart	*Jovibarba arenaria*
Scharfer Mauerpfeffer	*Sedum acre*
Spinnweben-Hauswurz	*Sempervivum arachnoideum*
Sprossender Donarsbart	*Jovibarba sobolifera*
Trauben-Steinbrech	*Saxifraga paniculata*
Weinberg-Lauch	*Allium vineale*
Weiße Fetthenne	*Sedum album*
Zwerg-Schwertlilie	*Iris pumila*

▷ Kletterpflanzen eignen sich besonders zur Hausbegrünung

Grüne Dächer

Die Pflanzendecke und die Erde vor allem auf Flachdächern bieten eine hervorragende Wärmedämmung und -speicherung. Bei Kälte hält sie die Innenwärme zurück, bei Hitze wird gekühlt. Die Temperaturschwankungen auf einem begrünten Dach sind deshalb bedeutend geringer. Ein weiterer Vorteil ist die Speicherung und langsame Verdunstung von Regenwasser.
Sogar Dächer mit einer Neigung von 30 bis 45 Grad lassen sich begrünen. Bei geplanten großflächigen Begrünungen (z. B. Wohnhaus) muß jedoch die Belastbarkeit der Dachkonstruktion durch einen Statiker geprüft werden. Kleinere Flachdächer (Garage, Schuppen) sind verhältnismäßig einfach zu begrünen.
Geeignete Dachflächen besitzen mindestens eine Neigung von 5 Grad und müssen völlig in Ordnung sein, d. h. es existieren keine Risse, Löcher, Dellen oder ähnliches. Auf die Dachdichtung (meist Dachpappe) wird zum Schutz vor den Pflanzenwurzeln eine Spezialfolie gelegt (am besten nahtlos). Unter die etwa 5 cm dicke Schicht aus Erde kommt eine Drainage, um überflüssiges Regenwasser abzuleiten. Begrünte Dächer werden weder gemäht noch gedüngt oder gegossen. Die dort wachsenden Pflanzenarten müssen mit den Bedingungen auf dem Dach selbst fertig werden.

Nährstoffarme, trockene und ebene Bereiche sind gute Trockenstandorte, hier wachsen beispielsweise Mauerpfeffer- und Thymian-Arten

Vorschläge zur Gartengestaltung

Wer einen Naturgarten anlegen möchte, muß schon bei der Planung vieles bedenken. Die Wünsche nach Wohngarten- und Nutzgartenbereichen sind schon bei der Aufteilung des Geländes zu berücksichtigen. Eine weitere wichtige Frage ist z. B., wieviel Fläche man benötigt, um eine optimale Raumeinteilung mit verschiedenen Biotopen zu erzielen. Außerdem ist vor der Gestaltung festzulegen, wieviele bzw. welche Biotope angelegt werden und welche Mindestgröße diese Biotope haben müssen. Solche Überlegungen sind vor allem dann zu empfehlen, wenn neue Flächen zur Verfügung stehen, also wenn beispielsweise ein Garten neu angelegt wird. Meist ist die Situation jedoch ganz anders. Eine bestimmte Fläche ist vorgegeben, und man muß sehen, welche Möglichkeiten sich auf dem festgelegten Standort realisieren lassen. Wieviel verschiedene Biotope können auf z. B. 10, 50, 200 oder mehr als 400 m² Fläche sinnvoll angelegt werden?
Die eigenen Wünsche müssen natürlich ebenfalls Berücksichtigung finden. Beispielsweise spielt es eine Rolle, wie man den Garten zur »Öffentlichkeit« hin anschließen möchte. Ob das Anpflanzen einer dichten Hecke den privaten Garten von vornherein zum Weg, zur Straße oder zum Nachbarn hin abgrenzt, oder ob der unmittelbare Kontakt zur »Umwelt« bestehen soll und eine flache Mauer ausreichend wäre, muß jeder für sich selbst entscheiden. Ruhige Sitzecken lassen sich entweder an einer Hecke oder am Gartenteich gut einplanen.
Gestaltung ist im Garten auch ein Ändern des Bestehenden, und wir greifen mit unseren eigenen Vorstellungen in die natürliche Entwicklung des Standortes ein. Die Anlage eines Naturgartens birgt also einen Widerspruch in sich.

Vorschläge zur Gartengestaltung

Wichtige Fragen vor der Gestaltung sind:
- **Was soll im Garten enthalten sein?**
- **Wie soll der Garten aussehen?**
- **Wie wird er genutzt?**

Der Kompromiß bei der Gartengestaltung liegt zwischen dem sauberen Garten und der »Wildnis«. Jeder Gartennutzer muß ihn selbst finden.

Gartengestaltung

Die Gartengestaltung ist ein Eingriff in natürliche Entwicklungsabläufe und beruht auf den Vorstellungen des jeweiligen Gartennutzers und äußerlichen Sachzwängen. Jeder Mensch stellt sich unter einem schönen Garten etwas anderes vor.
Man kommt aber an einigen Grundregeln der Natur nicht vorbei. Jede Gestaltung bedeutet einen Kompromiß zwischen Perfektion einerseits und Natur Natur sein lassen andererseits. Jeder Naturgärtner muß den für sich besten Weg suchen, finden und auch mit dem Herzen verteidigen können. Vor der Neuanlage eines Gartens ist das Anfertigen einer Zeichnung sehr zu empfehlen. Zusammenhänge und Situationen werden dadurch am besten deutlich. Bei großen Grundstücken oder sehr aufwendigen Vorhaben, wie etwa dem Bau größerer Mauern, kann man sich evtl. von einem Landschaftsarchitekten beraten lassen.

Naturgarten und Nutzgarten passen zusammen

Bei der Anlage eines Gartens sollten Naturzonen von Nutzzonen unterschieden werden. Bei den Naturzonen muß sorgfältig überlegt werden, ob man ein, zwei oder noch mehr Biotope in seinem Garten anlegen will. Es ist zu bedenken, daß die Biotope ebenfalls Pflege erfordern, genauso viel oder vielleicht noch mehr als herkömmliche Beete zur Kultur von Blumen oder Gemüse. Wichtig ist natürlich das Vorhandensein eines Biotopmosaiks in einem Naturgarten, weil die Lebenszyklen vieler Tiere und Pflanzen mehrere Biotope einschließen. Viele Insekten benötigen für ihre Ernährung Blüten, ihre Larven leben von Blättern verschiedener Pflanzen. Andere Arten sind auf Brutplätze angewiesen, die in totem Holz, in sandigen Böden oder Mauern angelegt werden. Manche wasserbewohnenden Tiere übersommern an Land, z. B. Molche. Deshalb müssen geeignete Steinhaufen, Baumstümpfe, liegendes Holz oder ähnliches vorhanden sein, wo sie im Sommer Unterschlupf finden. Das Biotopmosaik will also gut überlegt sein, damit man nicht nur für einen Teil des Lebens den Gartenbewohnern geeignete Existenzbedingungen anbietet. In größeren Gärten oder ganzen Gartenkolonien würde sich auch ein großräumiges Biotopmosaik anbieten, so daß nicht jeder einzelne in seinem Garten alle Voraussetzungen schaffen muß. In diesem Buch wird grundsätzlich nur von einem Einzelgarten ausgegangen. Der Gedanke der Abstimmung mit den Nachbarn sollte aber immer mit erwogen werden. Das betrifft nicht nur das Biotopmosaik, sondern beispielsweise auch die Verwendung von Pestiziden oder mineralischen Düngern, die leicht von einem Garten in den anderen übertragen werden können.

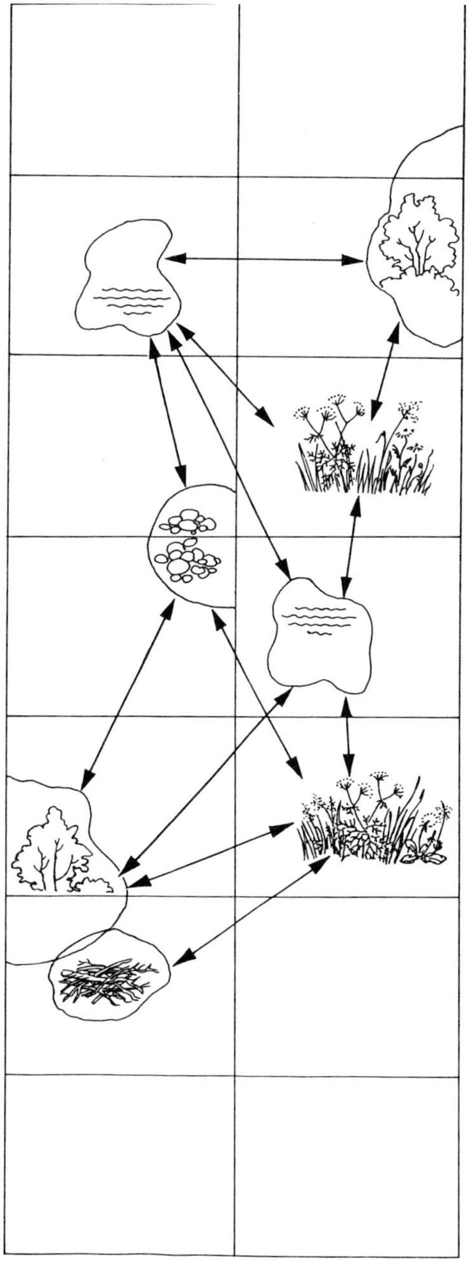

Kleingartenanlage als Biotopmosaik mit Wechselwirkungen

Biotopmosaik mit Wechselwirkungen

Ein großes Biotopmosaik kann die gesamte Gartenkolonie einbeziehen

Vorschläge zur Gartengestaltung

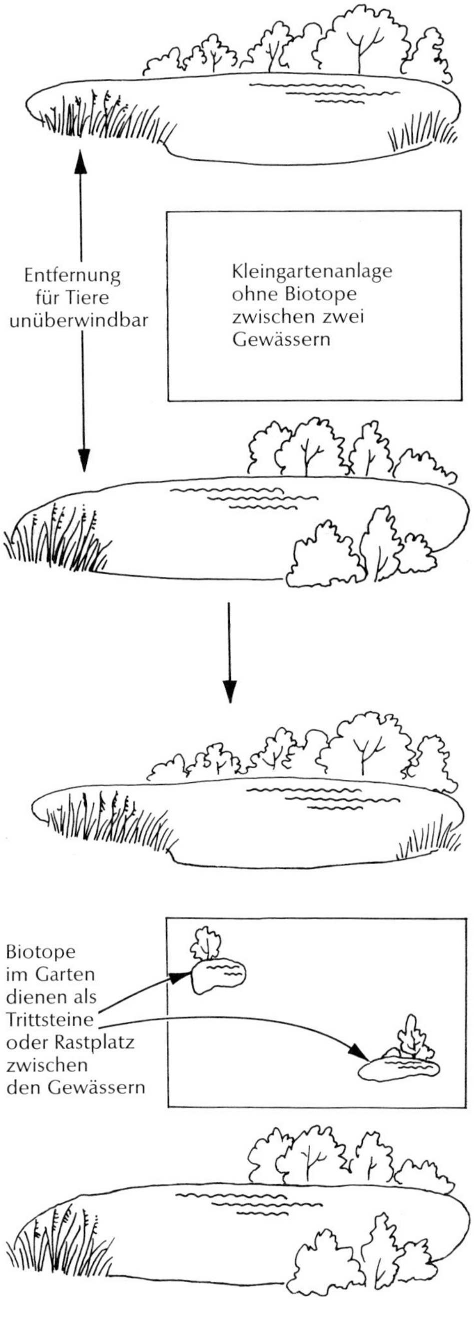

Am günstigsten ist die Integration der Gärten in die Landschaft

»Inseln«, sogenannte Trittsteine → Kapitel »Lebensfreundliche Gartenstrukturen«, S. 7 ff.

Pläne und Konzepte sollten auch das Umland beachten

Künstlich angelegte Gewässerbiotope in Gärten können beispielsweise als Verbindung zwischen natürlichen Gewässern dienen

Konzeptionen und Planungen

Man kann mit einem guten Konzept zur Gestaltung und Nutzung einer Gartenanlage oder auch von Einzelgärten eine erfolgreiche Integration in die Landschaft erreichen. Die im Garten vorhandenen bzw. neu angelegten Biotope können als Trittsteine eine Anbindung an die außerhalb der Gartenanlage liegenden, noch natürlich vorhandenen Biotope ermöglichen. Es ist auch denkbar, daß durch eine Gartenanlage hindurch Korridore als »Wanderwege« zwischen verschiedenen Biotopen geschaffen werden. Dies ist aber ohne eine Nutzungsextensivierung innerhalb der Gartenanlage wenig sinnvoll.
All' diese Möglichkeiten bedürfen einer ganzheitlichen Planung und Konzeption und sind nur mit dem Engagement aller Gartennutzer durchzusetzen. Entsprechende Einbindungen der Anlage in ihr Umland werden sicher auch von den zuständigen Naturschutzbehörden akzeptiert bzw. unterstützt, wenn vorgesehene Maßnahmen in den Gärten mit den Naturschutzaktivitäten außerhalb der Gartenanlage abgestimmt werden.

Vor Beginn der Planungen informiert man sich zunächst über das Umland der Gartenanlage. Wenn die geplante Anlage beispielsweise inmitten eines natürlichen Feuchtgebietes bzw. in einer seenreichen Landschaft liegt und Gewässer der Umgebung voneinander trennt, läßt sie sich durch das Anlegen mehrerer Kleingewässer in den Gärten in ökologische Zusammenhänge der Landschaft einfügen. Eine Gartenanlage in einer heckenreichen Landschaft kann die Abstände zwischen den vorhandenen Hecken verkürzen helfen, wenn in den Gärten gehölzreiche Biotope entstehen. Solche Pläne sind mit den für die Gestaltung ihrer Flur verantwortlichen Gemeinden abzustimmen. Weiterhin ist denkbar, daß die Gartenanlagen als Verbindungsglieder zwischen parkartigen Grünanlagen, Friedhöfen, Brachflächen auf ungenutzten Baugrundstücken, Alleen, Randstreifen von Straßen, Böschungen und Wegen dienen können.

Gartenanlage mit vielen Laubgehölzen in einer gehölzreichen Landschaft

Biotopvernetzungen über die Gärten hinaus sind mit den Gemeinden abzustimmen

Umgebungsbereich der Biotope

Der Wechsel von einem zum anderen Ökosystemtyp geht in der Natur kontinuierlich vor sich. Dadurch erfolgt in diesen Übergangsbereichen eine Abpufferung von unterschiedlichen klimatischen und anderen abiotischen Einflüssen. Diese Übergangszone wird als Ökoton bezeichnet. Darin leben in der Regel deutlich mehr Arten in einer erhöhten Artendichte, weil Bewohner der beiden aneinanderstoßenden Ökosysteme gleichzeitig vorkommen. Diese Erscheinung heißt Rand- oder Grenzlinieneffekt. Durch eine buchtige und wellige Gestaltung des Übergangsbereiches zwischen zwei Biotoptypen kann man diese für viele Tier-

Ökoton – Übergangsbereich zwischen Gehölz und Wiese mit Wellen und Buchten

Die Übergangszone zwischen zwei Biotopen ist sehr artenreich, weil Arten beider Biotope gleichzeitig vorkommen

Ökoton = Übergangsbereich

und Pflanzenarten besonders wertvolle Zone verlängern und somit auf geringer Fläche viele Lebensräume schaffen. Das bewußte Anlegen solcher Ökotone muß bei der Rand- und Umlandgestaltung der Biotope beachtet werden. Es empfiehlt sich z. B., die angelegten Biotope von Rasenflächen durch einen nur einmal im Jahr oder einmal alle 2 Jahre gemähten Staudensaum räumlich abzugrenzen.

Gehölz

Der Saumbereich besitzt möglichst keine geraden Grenzlinien

Der Kernbereich dieses Biotoptyps sind die Bäume und Sträucher. Der Saumbereich erhält keine geraden Grenzlinien, sondern muß sich durch Buchten oder Wellen auszeichnen. Angrenzende Biotope können die blumenreiche Gartenwiese oder ein Gewässerbiotop sein. Als Übergangsbereich zwischen einem Gewässer und dem Gehölz ist unter Umständen ein Gehölzmantel geeignet, der unmittelbar bis an den Gewässerrand oder in das Gewässer hinein ragt. Es besteht natürlich auch die Möglichkeit, daß sich zwischen dem Gehölz und dem Gewässer oder der blumenreichen Gartenwiese ein alle 2 oder 3 Jahre zu mähender Hochstaudensaum befindet. Wenn dieser Saum nicht jährlich gemäht wird, sondern nur in größeren Abständen, wächst er nicht mit Gehölzen zu und ist ein blütenreicher Streifen. Am Rande des Gehölzes können Stein- oder Holzhaufen angelegt sein. Die Größe eines Gehölzbiotops richtet sich natürlich immer nach

Um ein Gehölz in seinen vorgesehenen Grenzen zu halten, muß der Saum ab und zu gemäht werden

Eine Mauer – die hier sollte wieder aufgesetzt werden – paßt gut zu einem Gehölz

der Größe des Gartens. Jedoch sind schon ein einzelner Holunder oder ein einzelner Haselstrauch etwas Wert. Optimalgrößen für Gehölzbiotope sind in durchschnittlichen Gärten ohnehin kaum zu erreichen. Man muß bei der Entscheidung über die Größe der zu wählenden Fläche auch gestalterische Aspekte beachten, so z. B. die Möglichkeit eines Sichtschutzes oder einer Begrenzung. Eine Hecke im Straßenrandbereich des Gartens kann zur Straße bzw. zum Nachbargrundstück gerade verschnitten, in den Gartenbereich hinein aber breiter und langsam auslaufend sein. Für die Hecke bzw. das Gehölz ist eine Breite von 3 bis 5 m erstrebenswert. Die Länge richtet sich nach den Gestaltungsmöglichkeiten im Garten.

Einfluß auf die Größe eines Gehölzbiotops haben:
- **Gartengröße**
- **gestalterische Gesichtspunkte wie Begrenzung, Sichtschutz**

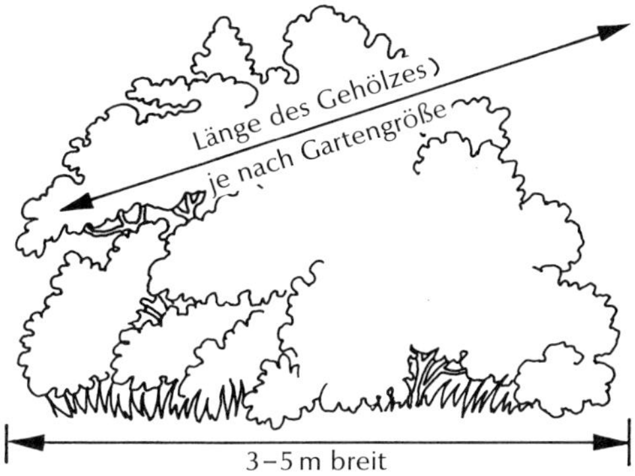

Blumenreiche Gartenwiesen
Eine blumenreiche Gartenwiese muß in der Regel mindestens einmal im Jahr gemäht werden. Im Randbereich können Gehölzbiotope, Gewässerbiotope und aufgeschichtete Mauern liegen. Auch die Anlage eines Lesesteinhaufens im Randbereich ist sinnvoll, aber es sollte nicht mitten in die blumenreiche Gartenwiese hinein ein Holzhaufen oder ein Steinbiotop gelegt werden. Im Zentrum kann ein Gras- und Kräuterbereich liegen. Der Randbereich kann mit einem Gehölz, einer Hecke oder auch mit einzelnen Sträuchern eng verzahnt sein. Auf einer blumenreichen Gartenwiese können ohne weiteres locker angesiedelt

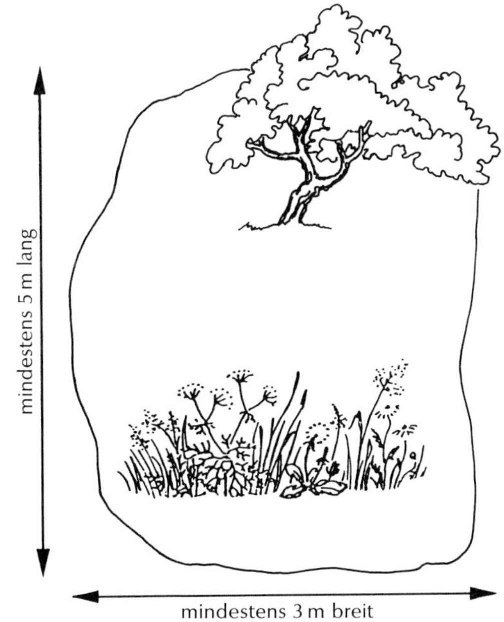

Blumenreiche Wiese

Auf blumenreichen Gartenwiesen dürfen auch Obstbäume wachsen

einige Obstbäume stehen. Die minimale Ausdehnung sollte bei 3 mal 5 m liegen. Eine Mindestbreite von 3 m darf jedoch nicht unterschritten werden.

Lebensräume mit Steinen
Im Umgebungsbereich dieses Biotoptyps müssen sich blütenreiche Lebensräume befinden, da, wie schon in den entsprechenden Kapiteln beschrieben, überwiegend Wildbienen, Hummeln und Grabwespen in solchen Biotopen eine Lebensstätte finden können. Diese Tiere benötigen Nektar und Pollen und müssen deshalb in der Nähe Nahrung finden. Durch das alle 2 bis 3 Jahre erfolgende Mähen dieser Blütensäume, auch am Mauerfuß bzw. in unmittelbarer Nähe des Steinhaufens, bleibt dieser Saum immer blütenreich und somit als Nahrungsstätte für Insekten geeignet. Die Mindestfläche eines Lesesteinhaufens beträgt am besten etwa 3 bis 4 m^2. Die Höhe reguliert sich durch das Hinabrollen der Steine von selbst. Eine aufgeschichtete Mauer sollte nicht kürzer als 2 bis 3 m sein. Ihre Höhe (höchstens 2 m) und maximale Ausdehnung sind von der Größe des Gartens und seiner Lage im Gelände abhängig. Ein Hanggarten wird natürlich viel eher dafür geeignet sein, Mauern aufzuschichten, um Böschungen zu stützen, als ein Garten auf ebenem Gelände. In kleineren Gärten ist es ratsam, eine nur 0,5 m bis 1 m hohe Mauer anzulegen. Diese kann auf ei-

Weil die Blütensäume nur alle 2 bis 3 Jahre gemäht werden, ist immer ein großes Nahrungsangebot für Insekten vorhanden

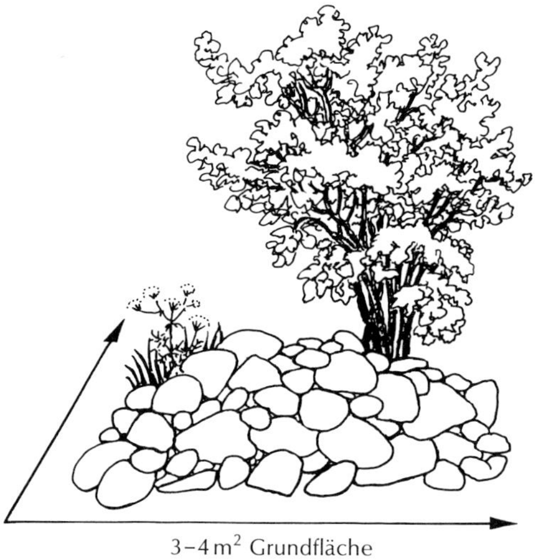

Steinhaufen

Die Länge einer Mauer wird wesentlich von der Gartengröße und der Geländeform bestimmt

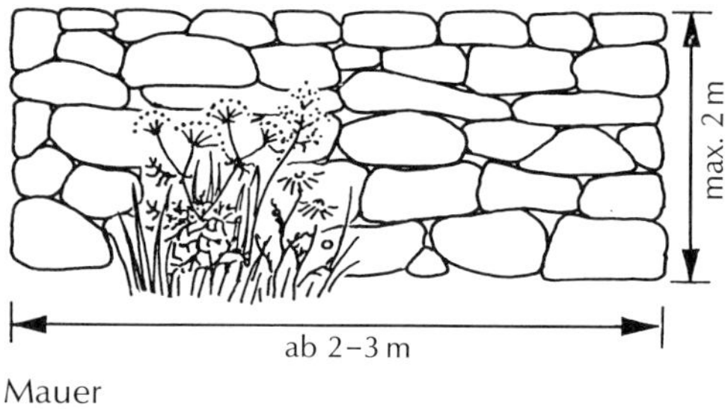

Mauer

ner Seite mit einzelnen Gehölzen bestanden sein.

Lebensräume mit totem Holz
Lebensräume mit totem Holz werden üblicherweise im Randbereich von Gehölzen angelegt. Die Holzablagerung erfolgt so, daß das Wachstum der Gehölze nicht beeinträchtigt wird. Ein möglichst großer Teil des Holzhaufens mit einer Grundfläche von etwa 4 bis 5 m^2 sollte der Sonne zugewandt sein. Seine Höhe hängt von den ihn umgebenden Gehölzen ab, auf keinen Fall sollte er den ganzen Garten überragen. Mit zunehmenden Alter wird der Holzhaufen durch Verrottung kleiner und kann eventuell immer wieder neu belegt werden. Ein Mindestanteil von etwa 10% an dickeren, älteren Stämmen oder Ästen muß aber immer gewährleistet sein. Holzzäune sind im Randbereich von blumenreichen Gartenwiesen empfehlenswert. Die darin lebenden Insekten (Grabwespen, Wildbienen) finden auf der Wiese ihre Nahrung.

Feuchtbiotope
Für die Anlage eines Gewässers sind genaue Planungen notwendig. Die dort zur Vermehrung kommenden Amphibien benötigen, wie schon beschrieben, einen Sommerlebensraum außerhalb des Gewässers. Das bedeutet, man muß im eigenen Garten bzw. in erreichbarer Nähe einen Gehölzbiotop zur Verfügung haben. Im Übergangsbereich des Gewässers zu ande-

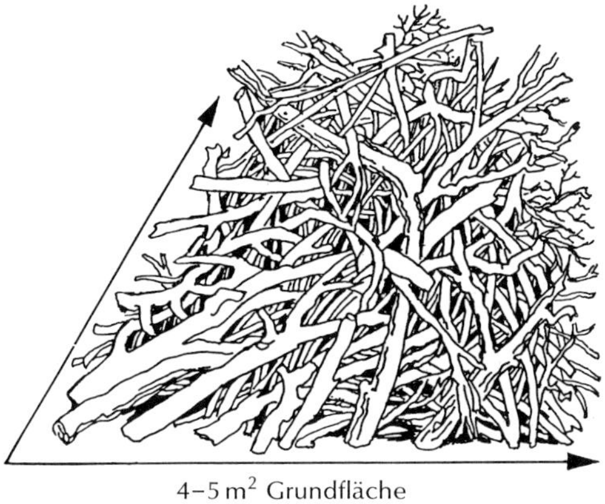

Holzhaufen

Wenn ein Teil des Holzes nach einiger Zeit verrottet ist, läßt sich der Holzhaufen mit neuem Baum- und Heckenschnitt aufstocken

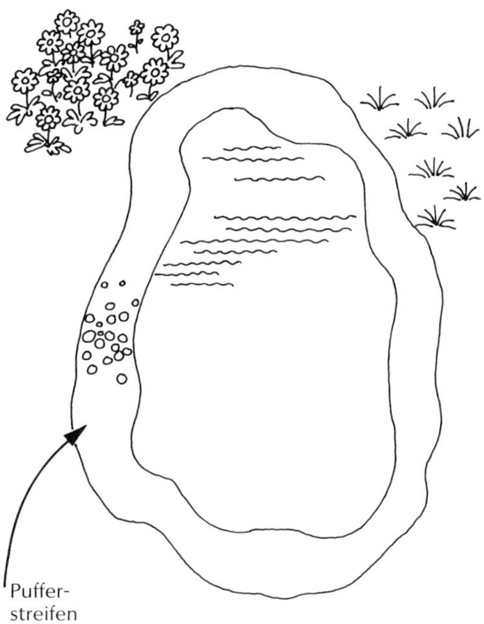

Feuchtbiotop

Weil Gewässerbiotope nur einen Teil des Jahres Lebensraum für viele Arten sind, müssen sich andere Biotope in der Nähe befinden

Pufferstreifen am Ufer vermindern den Nährstoffeintrag

Mindestgröße von Gewässern
→ Kapitel »Feuchtbiotope«, S. 91 ff.

Kletterpflanzen sind ein reizvoller Fassadenschmuck und puffern Temperaturschwankungen ab

Möglichst zwei Kletterpflanzen der gleichen Art pflanzen

Verschiedene Gestaltungsmöglichkeiten sind:
- **Trennung von Wohn-/Nutzbereich und Naturgarten**
- **Integration von Wohn-/Nutzbereich in den Naturgarten**
- **Naturelemente im Wohn-/Nutzbereich**

ren Nutzungsformen, beispielsweise Gemüsegarten, Rasen, Blumengarten, aber auch blumenreiche Gartenwiesen, sind Pufferstreifen günstig. Sie verhindern den Nährstoffeintrag in das Gewässer. Im Garten existierende Holz- und Steinhaufen können auch als Unterschlupf für das Wasser verlassende Tiere dienen.

Grüne Wände und Dächer
Wenn man ein Dach begrünen will, wird natürlich seine gesamte Fläche genutzt, und bei der Begrünung von Wänden wird auch eine einzelne Pflanze bereits eine große Wand bedecken können. Wenn diese Pflanze abstirbt, wäre die Wand wieder kahl. Deshalb ist es sinnvoll, 2 Pflanzen der gleichen Art in einem gewissen Abstand voneinander an einer Hauswand zu pflanzen.

Gestaltungsmöglichkeiten

Es gibt zwei prinzipiell voneinander unterschiedene Möglichkeiten für die Anlage eines Naturgartens. Die eine ist die konsequente Trennung von Wohn-/Nutzbereich und Naturbereich. Die andere ist die Integration des Wohn-/Nutzbereiches in den Naturbereich bzw. die Integration vorhandener Naturelemente in den Wohn-/Nutzbereich. Zu diesen Gestaltungsvarianten werden nachfolgend einige Anregungen gegeben.

Durch eine klare Grenze sind Nutz- bzw. Wohnbereiche von den naturnahen Bereichen getrennt

Dazu eignen sich z. B. Hecken oder Natursteinmauern

Bei der Anlage von Gehölzgruppen müssen unbedingt die vorgeschriebenen Grenzabstände zum Nachbargrundstück beachtet werden

Trennung Wohnen – Natur

Jedes Grundstück kann sowohl bei der Anlage als auch nachträglich in zwei getrennte Bereiche unterteilt werden. In dem einen, nachfolgend als Wohnbereich bezeichnet, wird der Mensch sehr intensiv gestaltend wirken. Hier steht das Wohnhaus oder das Gartenhäuschen, hier ist Rasen, der Kinderspielplatz, die Sitzecke, hier werden Gemüsebeete angelegt, hier wachsen Beerenobst oder Obstbäume. Im anderen Teil des Gartens, nennen wir ihn ruhig Naturgarten, wird alles für die Natur getan und mit wenig Eingriffen viel Ruhe gelassen. Diesen Naturbereich kann man vom Wohnbereich durch eine Hecke oder durch eine flache Mauer trennen. Es erfolgt aber keine starre Abgrenzung, sondern eher eine optische und beruhigende, funktionelle Teilung in Wohn- und Naturgartenbereich. Im Naturbereich lassen sich verschiedene Biotope gestalten. So kann der zentrale Teil eine blumenreiche Gartenwiese sein. Am Rand des Gartens entsteht eine Gehölzgruppe mit Bäumen oder ein Gartenteich. Totholzhaufen können bei dieser Art der Gestaltung des Gartens im Randbereich der Gehölze abgelegt werden. Dieses Holz stammt vom Schnitt der trennenden Hecke bzw. von den Obstbäumen. Weiterhin lassen sich Steinhaufen ausgezeichnet integrieren. Sie werden am besten in Gewässer- oder Gehölznähe angelegt.

Benötigte Lesesteine lassen sich teilweise von den Gemüsebeeten absammeln

Vorschläge zur Gartengestaltung

Mit einfachen Mitteln lassen sich innerhalb des Nutzgartens Lebensräume anlegen, z. B.
- **Steinhaufen**
- **Mauern**
- **Holzhaufen**
- **Hecken**
- **Blumenwiese**

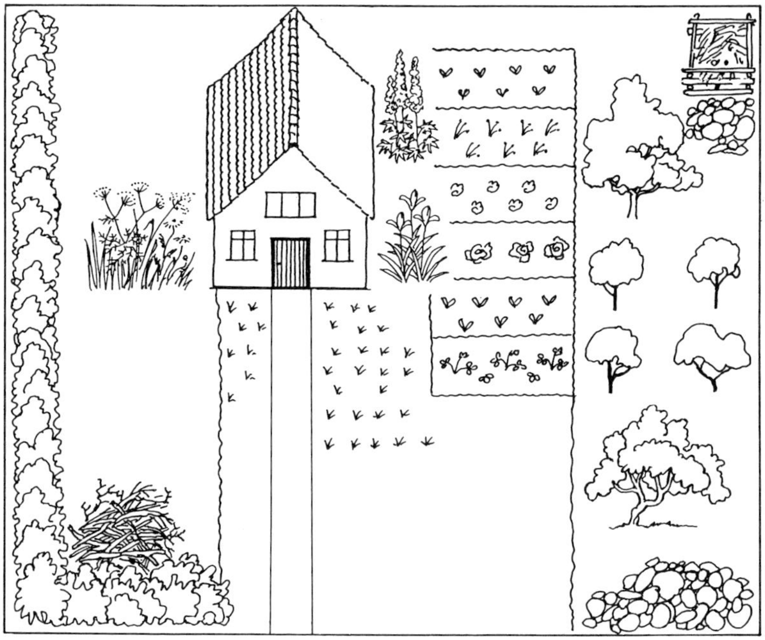

Gehölze halten einen Teil der Autoabgase und des Straßenstaubes vom Garten fern und fungieren als Lärmschutz

Biotope im Nutzgarten

Die Integration eines Naturgartenbereiches in einen Nutzgarten ist ein Weg, der sicherlich sehr häufig beschritten wird. Es gibt fast unzählige Möglichkeiten, solch einen »naturnahen Nutzgarten« zu gestalten.

Beispielsweise kann um das Haus herum ein Bereich mit herkömmlichen Blumenbeeten, Kurzrasen als Liegewiese, Sitzmöglichkeit, Wäscheplatz oder ähnlichem belassen werden. An die folgenden Gemüsebeete schließt sich eine Wiese, bestanden mit Obstbäumen oder Beerensträuchern an. Im Randbereich dieser Obstwiese können Steinhaufen oder Steinmauern errichtet werden. Durch die Anlage von Steinhaufen spart man sich unter Umständen auch die Kosten für den Abtransport (Mülltonne) der von den Beeten gelesenen Steine. In einer Kompostecke lagert man möglicherweise von den Obstbäumen oder den Beerensträuchern anfallendes Holz zur Verrottung.

Falls ein Teil des Gartens der Straße zugewandt ist, läßt sich der Bereich durch eine Hecke abschirmen. Dieses Gehölz hält einen Teil der Autoabgase und des Straßenstaubes vom Garten fern. Auch ein Lärmschutz ist gegeben. Die Hecke ließe sich gleichzeitig als Begrenzung des Grundstückes anlegen, der Bereich zwischen Hecke und Haus wird als blumenreiche Gartenwiese gestaltet.

Ebenfalls möglich ist die Anlage eines Feuchtbiotops als zentraler Biotop des Gartens

Die vorher angeführten Möglichkeiten zur Anlage von Biotopen im Nutzgarten sollten Anwendung finden, wenn eine große Anzahl von Habitaten für Holz- oder Steinhaufen und Mauern bewohnende Insekten angelegt wurden. Diese Tiere sind auf die blumenreichen Gartenwiesen und den blühenden Staudensaum am Gehölz besonders angewiesen. Auch im Gehölz brütende Vögel werden in der Wiese gern nach Nahrung suchen.

Lassen die Geländebedingungen die Anlage eines Gewässerbiotops zu, und sind auch Möglichkeiten eines Unterschlupfes für die Wasserbewohner gegeben, ist die Anlage eines zentralen Gewässerbiotops zu empfehlen. Dieser kann an der dem Haus zugewandten Seite durch eine Feuchtwiese mit Übergang in eine blumenreiche Gartenwiese gestaltet sein. Zur Grundstücksgrenze hin ist die Anlage eines Gehölzes denkbar. Dort können Steinhaufen, Holzhaufen und im Randbereich Hochstaudenfluren integriert sein. Die nähere Umgebung des Steinhaufens, des Holzhaufens und der Mauer sowie die gesamte Brachfläche mit Hochstauden wird alle 2 oder spätestens 3 Jahre im Herbst gemäht. Das Mähgut muß von der Fläche entfernt werden.

Der Gemüse-, Obst- und Blumengarten kann durch eine freistehende Natursteinmauer begrenzt werden. Auch im Nutzgarten können kleinflächige Biotope, angelegt werden.

Zwischen Nutz- und Naturgarten kann beispielsweise eine freistehende Natursteinmauer aufgesetzt werden

Geeignete kleinflächige Biotope sind.
- Steinhaufen
- Reisighaufen
- Heurotte
- Brennesselecke

Vorschläge zur Gartengestaltung

Oft läßt sich mit wenigen Eingriffen ein gutes Miteinander von Natur und menschlicher »Benutzung« finden

Der Anbau von Gemüse, Obst und Blumen beschränkt sich auf eine kleine Fläche

Garten in der Natur

Eine andere Möglichkeit ist die Einbindung von Nutzgebäuden, wie Gartenhaus oder Wohnhaus in ein vorhandenes oder schon gestaltetes Naturareal. Gartennutzer können ihren Gestaltungsideen und sanft pflegenden Eingriffen freien Lauf lassen. Der Anbau von Nutzpflanzen wie Blumen, Obst und Gemüse beschränkt sich allerdings nur auf eine kleine Fläche. Wenn überhaupt Beete angelegt werden, sollten diese in der Nähe der Gebäude liegen. Kurzrasige Flächen wird es nicht geben. Die schon vorhandene Ausstattung eines solchen Gartens mit Lebensräumen für Tiere und Pflanzen sollte nicht umgewandelt werden, sondern entsprechend ihrer Funktion weiter genutzt bzw. gepflegt werden. So ist es z. B. möglich, daß bereits Böschungsmauern existieren, feuchte Biotope vorhanden sind oder Steinhaufen bzw. umgestürzte tote Bäume. Diese einzelnen Elemente bleiben, soweit dies möglich und auch gewollt ist, unbedingt erhalten. Das Einpassen von Gebäuden darf nur sehr sorgsam erfolgen. Am günstigsten ist es, dazu den Randbereich des Gartengrundstückes auszuwählen bzw. an im vielleicht daneben liegenden Grundstück schon bestehende Gebäude baulich anzuschließen. Hier empfiehlt sich auch eine Begrünung von Gartenlaubendächern sowie von Wänden. Sitzecken werden ebenfalls durch Spaliere oder eine Hecke begrünt.

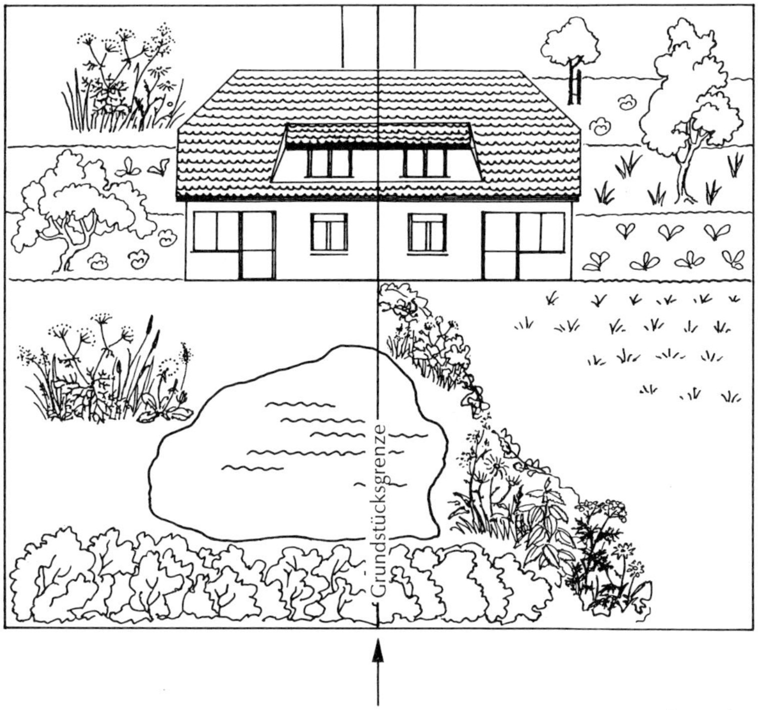

Grundstückseigentümer können ihre eigenen Gartenpläne realisieren, aber Mieter besitzen nur selten bei der Planung ein Mitspracherecht

Neubaugrundstücke

Im Siedlungsrandbereich von Städten sind neu errichtete Häuser meist freistehende Einfamilienhäuser, Doppel- oder Reihenhäuser.

Während die Grundstücksgröße bei freistehenden Häusern stark variiert, stehen Doppel- und erst recht Reihenhäuser in der Regel auf relativ kleinen Grundstücken.

In solcher Situation ist die Gestaltung der zukünftigen Gartenfläche nicht immer einfach. Am besten kann man planen, wenn die Nachbarn ähnliche Vorstellungen haben und eine Lösung finden, die sowohl Wünsche der Einzelnen als auch Kriterien eines Naturgartens berücksichtigt.

Die Grundstücksgrenze wird mit einer Hecke, einer flachen Mauer oder einem Feuchtbiotop unbegehbar gemacht. Auf den verbleibenden Flächen können die Gartennutzer ihre eigenen Vorstellungen gestalten.

Eine noch bessere Variante wäre, wenn gänzlich auf Trennung der einzelnen Gärten verzichtet wird und statt dessen z. B. ein größerer Gewässerbiotop oder eine Obstwiese gestaltet werden.

Wenn überhaupt keine Möglichkeiten zu einer Gestaltung von Biotopen bestehen, weil es vielleicht so festgelegt wurde, ist schon mit einer weniger intensiven Rasenpflege einiges für Tiere und Pflanzen getan.

Schwer zu überzeugende Gartennachbarn »opfern« einen kleineren Teil für den gemeinschaftlichen Biotop und nutzen den Rest ihres Gartens in herkömmlicher Weise allein

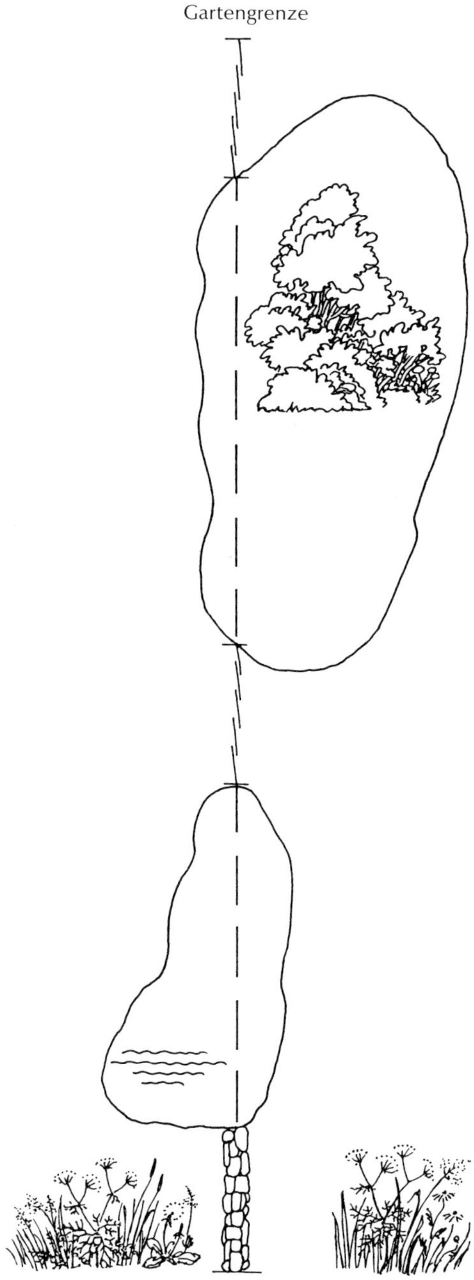

Gartenübergreifende Biotope

Dopplung bzw. Fehlen wichtiger Biotope sind sehr ungünstig

Das Miteinander von Gartennutzern ermöglicht größere Biotopkomplexe und spart teure Zäune

▷ Streuobstwiesen sind besonders wertvolle Biotope für viele Tiere und lassen sich außerdem als Wiese extensiv nutzen

Einbindung mehrerer Gärten in ein System von Biotopen

Es ist klug und ratsam, sich mit gleichgesinnten Gartennachbarn oder Eigentümern von Wohngrundstücken zusammenzuschließen. Durch ein entsprechendes Konzept kann eine Doppelung von Biotopen in den einzelnen Grundstücken und andererseits das Fehlen bestimmter Biotope vermieden werden. So ist es verhältnismäßig einfallslos, wenn in einer Gartenanlage jeder Garten sein Gewässer hat, aber kein einziger Garten einen Überwinterungsplatz bzw. einen Sommerlebensraum für die Amphibien bietet. Es nützt auch nicht viel, wenn überall Nisthilfen für Hautflügler angebracht werden bzw. Holzzäune oder Mauern errichtet sind, die entsprechende Brutstätten zur Verfügung stellen, aber in der näheren Umgebung keine Ernährungsmöglichkeiten für Wildbienen und Grabwespen bestehen, weil alle Grünflächen Rasen sind bzw. auf den Blumenbeeten nur wenige Pflanzen wachsen, die Nektar oder Pollen spenden.

Eine weitere Möglichkeit der Kooperation zwischen den Gartennutzern besteht im Einsparen des Gartenzaunes, indem ein Gewässer oder eine Hecke die Grundstücksgrenze übergreift und diese auch mehr oder weniger unpassierbar für Menschen macht. Auch ein Holzzaun ist als Grenze günstig. Ferner ist es möglich, die Fläche einer blumenreichen Gartenwiese

funktionell zu vergrößern, indem auf beiden Seiten eines Gartenzaunes eine blumenreiche Gartenwiese angelegt wird. Man erspart sich ebenfalls einigen Arbeitsaufwand, wenn nicht angrenzend an eine blumenreiche Gartenwiese am Gartenzaun im anderen Garten sofort das Beetland beginnt, und man ständig damit beschäftigt ist, die sich ausbreitenden Wiesenpflanzen von den Beeten fernzuhalten. Es ist auch zu bedenken, daß ein gewisses Mosaik von Gehölzen in einer solchen Gartenlandschaft vorhanden sein sollte. Der Trend zu Nadelbäumen, weil man deren »Laub« nicht wegräumen muß, sollte unterbrochen werden. Die Anpflanzung von Laubgehölzen ist als günstiger einzuschätzen. Diese sollten innerhalb der Gartenanlage möglichst gleichmäßig verteilt sein und wenn möglich in enger Wechselbeziehung mit den Gewässerbiotopen stehen. Weiterhin ist es denkbar, daß in dem einen Garten die »Lebensräume mit Steinen« angelegt werden und der Nachbar blumenreiche Staudensäume an seiner Hecke zur Verfügung stellt. So bleibt auch bei kleinen Gärten ausreichend Platz, um die weiteren Bedürfnisse nach Gartengestaltung, wie den Anbau von Beerenobst, Obstbäumen, Gemüse oder Blumen zu befriedigen und dennoch für Tiere und Pflanzen auf den vorhandenen Biotopfreiräumen ein fast optimales Lebensraumangebot zur Verfügung zu stellen, mehr jedenfalls, als bei einer konzeptionslos gestalteten Gartenanlage mit einseitig ausgerichteten Biotopen. Mitunter ist zu beobachten, daß die in Neubaugebieten angelegten Wiesen alle als »Blumenwiesen« gestaltet werden und außerdem alle Gärtner die gleiche Wiesenblumenmischung bei einem in der Nähe liegenden Baumarkt gekauft haben, und keiner daran denkt, daß es eigentlich außer einer blumenreichen Gartenwiese noch viel mehr Möglichkeiten der Anlage von naturnahen Lebensräumen gibt.

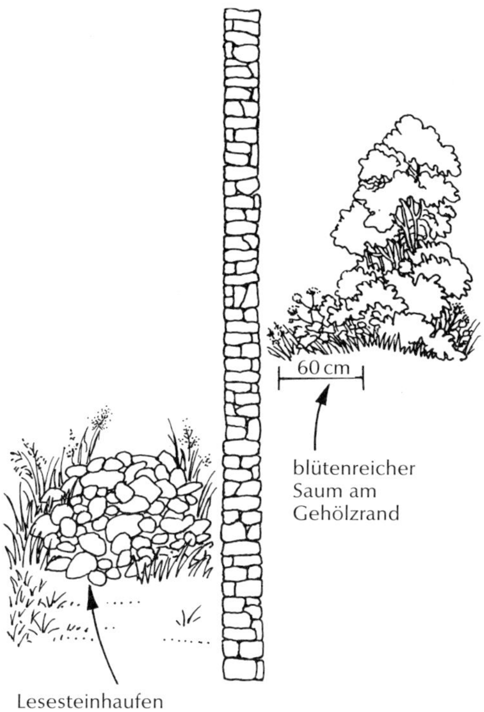

Biotope stehen über Grundstücksgrenzen hinweg miteinander in Wechselbeziehung

Laubgehölze gehören in Naturgärten, aber Nadelbäume wie z. B. Blau-Fichten (*Picea pungens*) sollte man nur sparsam oder überhaupt nicht pflanzen

Selbst im kleinsten Garten ist Platz für die »Natur«

◁ Durch Stauden lassen sich Nutzgärten optisch von Naturgartenbereichen abgrenzen

Vorschläge zur Gartengestaltung

Kleine Gärten sind meist »Hausgärten« in der Nähe von Wohnungen

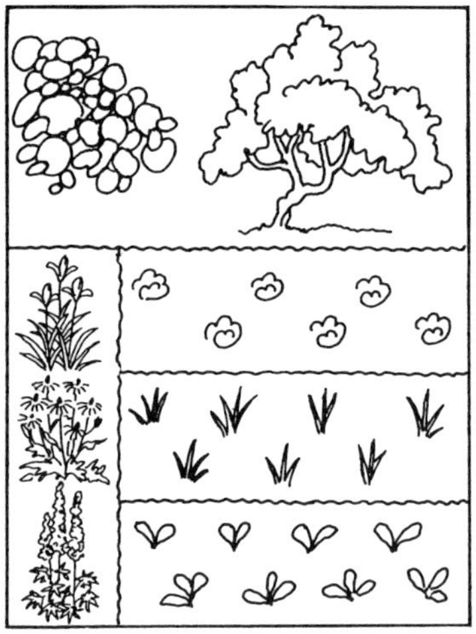

In kleinen Gärten
- **verzichtet man, wenn möglich auf eine Gartenlaube**
- **versiegelt man Flächen nur, wenn es unbedingt sein muß**

Gartengrößen

10 bis 50 Quadratmeter Garten
Auf einer z. B. 2 m breiten und 5 m langen Fläche kann man keinen großen Biotop, wie ein Gehölz, Gewässer oder eine blumenreiche Gartenwiese anlegen. Es besteht aber die Möglichkeit der Anlage eines Steinhaufens, einer Mauer oder des Anbringens von Nisthilfen für holzbrütende Insekten und die Gestaltung eines entsprechenden blütenreichen Angebotes als Nahrung für diese Tierarten. Eine gartenübergreifende Anlage der Biotope ist hier sehr zu empfehlen. Ansonsten sollte ein Garten mit solch' geringer Fläche von 10 Quadratmetern eigentlich nur sehr ökologiegerecht, d. h. ohne Chemie, genutzt werden.

50 bis 100 Quadratmeter Garten
Auch bei dieser Größe bestehen nicht sehr viele Möglichkeiten zur Gestaltung. Auf einen Gewässerbiotop oder eine Hecke muß hier ebenfalls verzichtet werden. Natürlich bestehen die gleichen Möglichkeiten wie im kleineren, oben beschriebenen Garten. Zusätzlich ist hier jedoch Raum für die Anlage einer blumenreichen Gartenwiese oder die Pflanzung bzw. das Wachsenlassen von einzelnen Sträuchern im Randbereich. In diesen Gärten muß auch sehr platzsparend mit oberflächenversiegelnden Baumaßnahmen gearbeitet werden. Die Anlage einer Kompostecke für die Küchenabfälle ist bei Wohnungsnähe empfehlenswert.

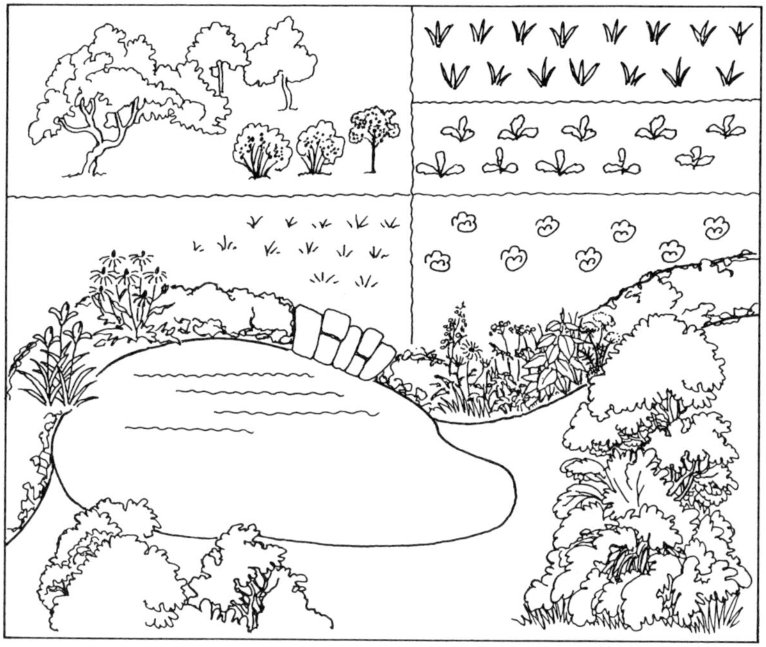

100 bis 400 Quadratmeter Garten

Hier soll als Beispiel ein etwa 300 m² großes Grundstück dienen. Man kann sich z. B. für die Kombination einer blumenreichen Gartenwiese mit einem gehölzgeprägten Biotop oder die blumenreiche Gartenwiese in Verbindung mit einem Gewässerbiotop entscheiden. Auch ein Miteinander von Gewässer- und Gehölzbiotop ist denkbar. Die Anlage von allen drei dieser doch viel Platz benötigenden Lebensräume (Feuchtbiotop, Gehölz, blumenreiche Gartenwiese) ist nicht zu empfehlen. In die Randbereiche der ausgewählten Biotope werden die Lebensräume mit Holz oder Steinen integriert. Die Biotopkombination richtet sich nach dem vorhandenen Gelände. Beachtet werden müssen hier die eingangs beschriebenen Zusammenhänge mit anderen gleichartigen Biotopen. Die Wanderungsbewegungen sowie die unterschiedlichen Ernährungsweisen der durch die Biotopanlage geförderten Tiere müssen ebenfalls berücksichtigt werden.

Der Nutzgartenbereich mit Liegewiese, Gemüse, Beerenobst sowie Obstbäumen läßt sich vom Naturgartenbereich durch einen extensiv genutzten Staudensaum abtrennen. Das Gehölz wird vom Gemüsebeet zusätzlich noch durch einen Gartenweg oder einen kurzrasigen Streifen getrennt, da sonst viele Wildkräuter in das Beet hineinwachsen.

Häufig sind Gärten etwa 200 bis 300 m² groß und bieten dadurch zahlreiche Gestaltungsmöglichkeiten

Vorschläge zur Gartengestaltung

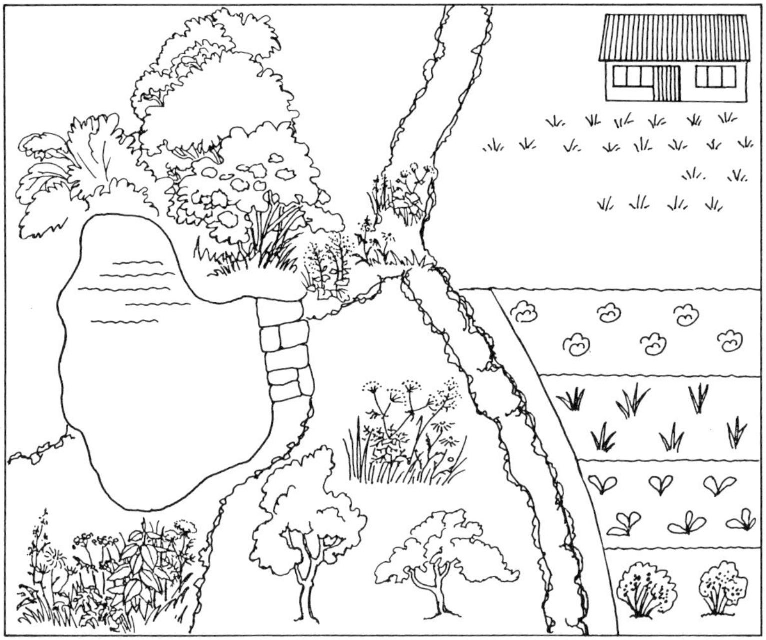

In größeren Gärten lassen sich Nutz- und Naturgartenbereiche gut voneinander trennen

Gartengrößen ab 400 Quadratmeter

Bei großen Gärten ist natürlich viel, um nicht zu sagen alles, denkbar. Man sollte sich aber überlegen, was mit vertretbarem Aufwand im Laufe von Jahren selbst angelegt bzw. auch gepflegt und unterhalten werden kann. So ein Garten erlaubt z. B. die Anlage eines Gewässers mit Übergangsbereichen zum Gehölz, zu einer Feuchtwiese und/oder zu einer blumenreichen Gartenwiese. Auch eine größere Gehölzgruppe oder eine Hecke können gepflanzt werden. Eine große Fläche läßt sich als extensive blumenreiche Gartenwiese nutzen. So eine Wiese kann in manchen Bereichen mit Obstgehölzen und Beerensträuchern durchsetzt sein. Zu einem solchen Garten gehören selbstverständlich Holz- und Steinhaufen.

Fachgerechte Pflege bestehender Biotope ist wichtiger als ständige Neuanlage

Eine Gartenlaube mit Liegewiese wird wie auch die Anlage von Beeten im Randbereich des Gartens liegen. Für die Beete werden die besten Stellen herausgesucht, um ohne Einsatz von Chemikalien gute Ernten zu erzielen. Das Gemüsebeet wird wie oben beschrieben durch einen Weg bzw. einen Kurzrasenstreifen von den naturnahen Lebensräumen abgetrennt.

Es ist einerseits verboten und andererseits tödlich für Pflanzen und Tiere, wenn ungemähte Wiesenflächen im Frühjahr abgebrannt werden, nur weil man zuviel Wiesenfläche angelegt hat und das Mähen nicht schafft.

Besondere Standorte

Streuobstwiesen

Natur, die eingezäunt ist, weil jemand ein Stück Land in der freien Natur besitzt, kann vielleicht nicht als Garten bezeichnet werden, unterliegt aber dennoch einer gewissen Nutzung. Hier sollte so verfahren werden, daß dieses Stück Land weiterhin in die umgebende Landschaft paßt bzw., wenn es sich zum gegenwärtigen Zeitpunkt noch nicht eingliedert, die Nutzung dazu führen kann. Ein Beispiel dafür ist die Streuobstwiese. Ein solcher Obstbaumbestand mit seiner darunterliegenden Wiese ist als Lebensraum sehr wertvoll. Der Wert wird z. B. dadurch vermindert, daß die oftmals blumenreiche Wiese unter den Bäumen mit dem Rasenmäher ständig kurz gehalten wird oder die toten Äste, die sich noch an den Bäumen befinden bzw. auf der Wiese liegen, rigoros beseitigt werden. Baumstümpfe, alte Strünke, morsche Äste und Baumhöhlen sind hier erwünscht. Das Entfernen im Absterben begriffener Bäume wirkt sich sehr negativ auf den Bestand an Baumhöhlen und folglich auf die darauf angewiesenen Vogel- und Insektenarten aus. Ein ästhetischer Bruch in der Landschaft und die Vernichtung von Lebensräumen für holzbewohnende Insekten wäre es, wenn man einen vielleicht bestehenden Holzzaun durch einen Maschendrahtzaun ersetzt. Hier sind also Personen, die ein solches Stück Land bewirtschaften, aufgerufen,

Streuobstwiesen werden immer seltener, deshalb stehen sie in manchen Regionen sogar unter Schutz

Streuobstwiese mit hochstämmigen Obstbäumen

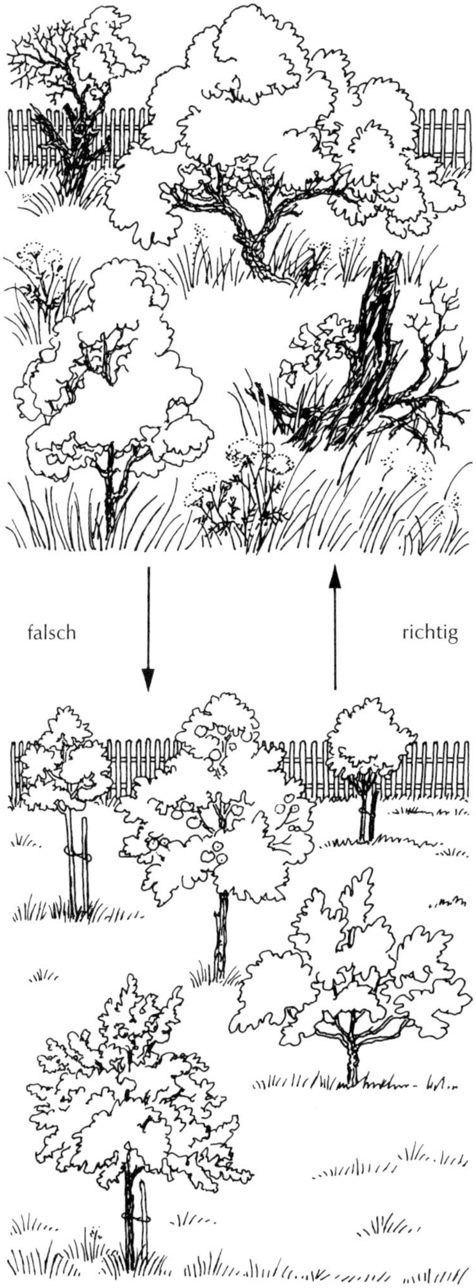

Für Bilche sind Streuobstwiesen ein bevorzugter Lebensraum, z. B. für Siebenschläfer (*Glis glis*) und Gartenschläfer (*Eliomys quercinus*)

Sitzkrücken für Vögel überragen den jungen Baum und schützen besonders den Mitteltrieb vor aufbaumenden Bussarden und Krähen

es doch weiter so zu nutzen, wie Streuobstbestände schon immer genutzt wurden, d.h. extensiv. Wenn man ein Grundstück erwirbt, das die eben genannten Nachteile (Maschendrahtzaun, Kurzrasen, Entfernung jeglichen toten Holzes) schon aufweist, so ist es ratsam und sehr zu empfehlen, die Nutzung wieder verträglicher für die Natur und für den Menschen (geringerer Aufwand) zu gestalten.

Das Gedeihen von neu gepflanzten hochstämmigen Obstbäumen im Garten ist von einer sachgerechten Auswahl des Pflanzgutes und einer fachgerechten Pflanzung abhängig. Für Streuobstpflanzungen haben Hochstämme absoluten Vorrang. Die Jungbäume sollten eine Mindeststammhöhe von 160 bis 180 cm haben. Als geeignete Veredlungsunterlagen kommen nur Sämlinge der betreffenden Obstart in Frage, da sie eine gute und tiefgehende Bewurzelung gewährleisten. Nach der Pflanzung ist ein Schutz gegen Tiere nötig. Neben einem Verbißschutz (Drahthosen) sind auch Drahtkörbe gegen Wühlmäuse zu empfehlen. Für Obstbäume ist eine Herbstpflanzung vorteilhaft. Bereits im Spätherbst und in den Wintermonaten bilden sie dann Wurzeln und treiben im Frühjahr kräftiger aus. Es ist weiterhin günstig, Jungbäume nicht an die Rodungsstelle eines gleichartigen Baumes, z. B. Apfel nach Apfel zu pflanzen, sondern andere Obstarten nachzupflanzen, z. B. Kirsche nach

Apfel. Noch besser ist es allerdings, wenn der Stumpf bzw. ein Hochstubben des abgestorbenen Baumes als Lebensraum für holzbewohnende Tiere erhalten bleibt. Ein Mindestmaß an Pflege ist auch bei Hochstämmen nötig. Für einen guten Kronenaufbau ist ein Erziehungsschnitt erforderlich. Beim Instandhaltungsschnitt war es früher üblich, sämtliches Totholz aus den Kronen zu entfernen und im Absterben begriffene Bäume zu roden. Heute sind Anteile von abgestorbenen Zweigen, Ästen sowie Stammteilen auch in Obstbäumen erwünscht. Es ist im Naturgarten also durchaus vertretbar, daß die Hochstämme nur alle 3 bis 4 Jahre einen Instandhaltungsschnitt erhalten.

Wenn entsprechende Voraussetzungen gegeben sind, empfiehlt es sich, vorhandene Obstbäume als »Streuobstwiese« in den Naturgartenbereich einzubeziehen.
Hochstämmige und knorrige Obstbäume sind bis heute ein wesentlicher Bestandteil naturnaher Gärten. Gebietsspezifische Obstsorten, sogenannte »Bauernsorten«, sind in der Pflege anspruchsloser und gegenüber Schädlingen resistenter als die meisten »Qualitätsrassen«. Überdies sind die alten Sorten oft im Geschmack und in ihrer Lagerfähigkeit viel besser.
Unter locker verteilten Obstbäumen kann sich eine artenreiche Wiese entwickeln.

Robuste Apfelsorten (nach Steinbach, 1992)

Apfelsorte	Herkunft
Äckerleapfel	Randengebiet, alte Lokalsorte
Albrechtapfel	Kamenz/Schlesien, 1865
Berner Rosenapfel	Schweiz,1888
Blumberger Langstiel	
Bohnapfel	Mittelrhein, um 1800
Boskoop	Holland, 1856
Brettacher	Brettach
Dülmener	Westfalen, um 1870
Gartenmeister Simon,	Karlsruhe, 1939
Hohenwettersbach	Karlsruhe, 1939
Gelber Edelapfel	England, um 1800
Gewürzluiken	Württemberg
Harberts Renette	Westfalen, um 1830
Herrnhut	Sachsen, um 1880
Jacob Fischer	Süddeutschland
Jacob Lebel	Frankreich, um 1825
Kaiser Wilhelm	Witzhelden, 1864
Kanadarenette	Frankreich, 1771
Klarapfel	Riga/Lettland, ab 1850
Landsberger Renette	Landsberg/Warthe, um 1850
Lanes Prinz Albert	England, 1857
Lausitzer Nelkenapfel	Sachsen, 1949
Leipferdinger Langstiel	Leipferdingen, 1924
Lunow	Lunow, Kreis Eberswalde, vor 1920
Neuer Berner Rosenapfel	
Nordhausen	Nordhausen, 1892
Prinz Albrecht	Kamenz/Schlesien, 1865
Roter Boskoop	Niederlande, um 1860
Sonnenwirtsapfel	
Stina Lohmann	Kellinghusen/Holstein, um 1800
Wilhelmsapfel	Witzhelden, Kreis Solingen, 1864
Zabergäu Renette	vor 1900
Zuccalmaglios Renette	Rheinland, 1878

Die alte Gärtnerweisheit heißt:
- **Kernobst folgt Steinobst oder**
- **Steinobst folgt Kernobst auf derselben Pflanzstelle**

Typisch sind hochstämmige Bäume

Schon wegen der alten Obstsorten, die oft besser schmecken, sollte man versuchen, Streuobstwiesen zu erhalten

Birnensorten
(nach Lucke, R.; Silbereisen, R.; Herzberger, E.: Obstbäume in der Landschaft. Verlag Ulmer, Stuttgart, 1992)

Birnensorte	Herkunft
Bestebirn	Südwestdeutschland
Dyker Schmalzbirne	Dyk/Niederrhein
Gelbmöstler	Schweiz
Grüne Jagdbirne	unbekannt
Gute Graue	Frankreich oder Holland, 17. Jh.
Kirchensaller Mostbirne	Kirchensall bei Neuenstein
Leipziger Rettichbirne	Kursachsen
Petersbirne	Sachsen, 18. Jh.
Sievenicher Mostbirne	Trier
Solaner	Solan (ehem. Tschechoslowakei)
Sülibirne	Konstanz
Volkmarserbirne	Hessen, Niedersachsen
Weilersche Mostbirne	Sinsheim/Baden
Wildling vom Einsiedel	Einsiedel bei Tübingen

Auch Pflaumen und Kirschen haben wesentliche Anteile im Streuobstbau.

Die wichtigsten Obstarten sind:
- **Apfel (*Malus domestica*)**
- **Birne (*Pyrus communis*)**
- **Süß-Kirsche (*Cerasus avium*)**
- **Pflaume, Zwetsche (*Prunus domestica*)**

Für die immer seltener werdenden Streuobstwiesen ist folgende Bewirtschaftung zu empfehlen:

1. Anbau von örtlich angepaßten, alten hauptsächlich hochstämmigen Sorten.
2. Die Wiese unter den Bäumen wird höchstens zweimal im Jahr geschnitten oder von Schafen bei Bedarf beweidet.
3. Die Bewirtschaftung erfolgt ganzjährig ohne Gift.
4. Auf einer Streuobstwiese wachsen nicht nur einheitliche Altersklassen, sondern Bäume verschiedenen Alters und natürlich verschiedener Arten. Freiwerdende Lücken müssen mit jungen Obstbäumen nachgepflanzt werden.

Erhalten und Pflegen sind die wichtigsten Tips, wenn schon ein Schattenbiotop vorhanden ist

Schattige Standorte

Schattige Standorte werden im Garten nicht allzuoft vorhanden sein. Es ist jedoch möglich, daß Baum- oder Buschgruppen bzw. ein Stück Wald für dichten Schatten sorgen. Der beste Rat ist eigentlich, diese Gehölze als schattige Biotope zu erhalten. Das Anlegen eines Totholzhaufens ist nur im Randbereich empfehlenswert. Die Pflege der bereits vorhandenen Gehölze beschränkt sich auf das Zurückschneiden störender Äste. Das gilt auch für totes und absterbendes Holz. Laub unter den Bäumen oder zwischen den Sträuchern wird nicht zusammengefegt und entfernt, sondern bleibt liegen. Ein gezieltes Herausjäten von Brennesseln oder Holunder ist bei deren Überhandnehmen

Umgraben und Mähen sind nicht erforderlich

empfehlenswert. Schattenstandorte im Garten sind von allen Biotopen einem Stück Wald am ähnlichsten.

Wenn man einen schattigen Biotop neu anlegen möchte, ist es günstig, sich vorher in der Natur der näheren Umgebung umzusehen, um die für den entsprechenden Standort passenden Pflanzen auszuwählen. Diese Wahl ist sowohl bei den Gehölzen als auch bei den Bodenpflanzen wichtig. Es gibt verschiedene Möglichkeiten, einen Schattenbiotop anzulegen. Dazu gehört eine völlige Neuanlage. Die vorgesehene Fläche kann dazu sich selbst überlassen werden. Unter den in Mitteleuropa herrschenden Klimabedingungen wird sich der Standort mit der für ihn typischen Waldgesellschaft über verschiedene Sukzessionsstadien selbst bewalden. Die zu jedem Stadium gehörenden Bodenpflanzen kommen ebenfalls von allein. Dieser Prozeß dauert natürlich lange.
Um ihn zu beschleunigen, kann man Gehölze und Bodenpflanzen künstlich ansiedeln. Vorhandene Gehölze, die keine entwickelte Bodenvegetation besitzen, weil vielleicht immer umgegraben oder gemäht wurde, lassen sich regenerieren. Sie werden ebenfalls sich selbst überlassen oder durch das Einbringen von Pflanzen ergänzt.

Unter den verschiedenen Baumarten werden sich unterschiedliche Bodenpflanzen ansiedeln. Busch-Windröschen (*Anemone nemorosa*), Haselwurz

Pflanzen, die schattige Standorte bevorzugen (Auswahl)

Deutscher Name	Wissenschaftlicher Name
Busch-Windröschen	*Anemone nemorosa*
Dornfarn	*Dryopteris carthusiana*
Echte Nelkenwurz	*Geum urbanum*
Gefleckte Taubnessel	*Lamium maculatum*
Gemeiner Efeu	*Hedera helix*
Gemeiner Frauenfarn	*Athyrium filix-femina*
Gemeines Knaulgras	*Dactylis glomerata*
Gemeines Rispengras	*Poa trivialis*
Giersch	*Aegopodium podagraria*
Große Brennessel	*Urtica dioica*
Haselwurz	*Asarum europaeum*
Leberblümchen	*Hepatica nobilis*
Maiglöckchen	*Convallaria majalis*
Pfennigkraut	*Lysimachia nummularia*
Rauhaariger Kälberkropf	*Chaerophyllum hirsutum*
Scharbockskraut	*Ranunculus ficaria*
Schwarzer Holunder	*Sambucus nigra*
Stechpalme	*Ilex aquifolium*
Taumel-Kälberkropf	*Chaerophyllum temulum*
Vielblütige Weißwurz	*Polygonatum multiflorum*

Bei der Neuanlage gibt es verschiedene Möglichkeiten:
- **Fläche bleibt sich selbst überlassen, die typischen Pflanzen besiedeln den Standort im Laufe der Zeit**
- **künstliches Ansiedeln von schattenverträglichen Gehölzen, die Bodenpflanzen folgen meist selbst**

Schattiger Standort mit blühenden Anemonen im Frühling

Vorschläge zur Gartengestaltung

In schattigen Tälern dominieren meist:
- **Berg-Ahorn (*Acer pseudoplatanus*)**
- **Berg-Ulme (*Ulmus glabra*)**
- **Gemeine Esche (*Fraxinus excelsior*)**
- **Echte Nelkenwurz (*Geum urbanum*)**
- **Echtes Springkraut (*Impatiens noli-tangere*)**
- **Goldnessel (*Galeobdolon luteum*)**
- **Große Brennessel (*Urtica dioica*)**

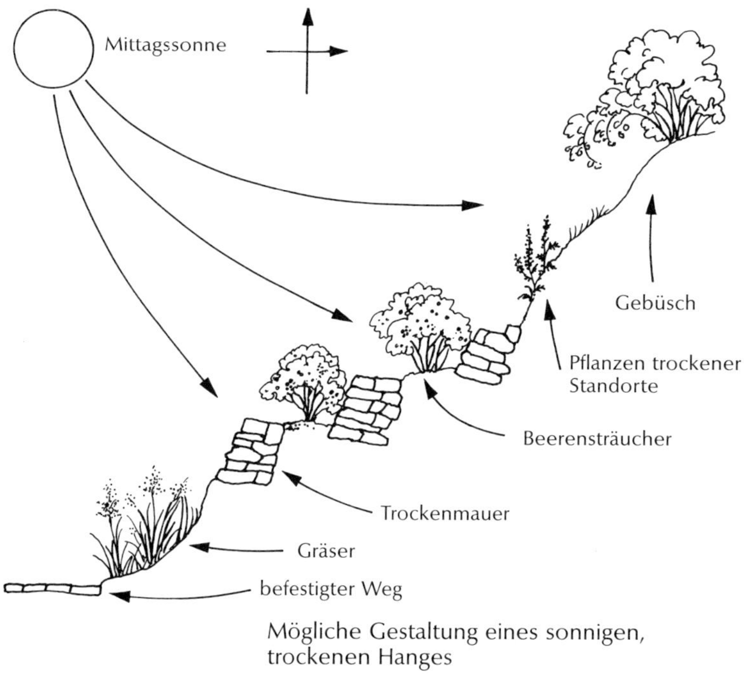

Mögliche Gestaltung eines sonnigen, trockenen Hanges

(*Asarum europaeum*) oder Waldmeister (*Galium odoratum*) werden sich unter der Gemeinen Buche (*Fagus sylvatica*) besonders wohl fühlen, während Maiglöckchen (*Convallaria majalis*) Eichen (*Quercus* spec.) bevorzugen. In manchen Gärten wird vielleicht ein enges Tal mit feuchtem und schattigem Grund, unter Umständen mit einem kleinen Bach zu finden sein. Wenn in dem Tal Bäume wachsen, sind keine Pflegemaßnahmen nötig. Bis auf eine gelegentliche Entfernung von Holz, um die Begehbarkeit zu gewährleisten, sollte der Standort seiner natürlichen Entwicklung überlassen werden.
Auf Wohngrundstücken läßt es sich oft nicht vermeiden, daß ein Gebäude einen Teil des Gartens beschattet. Hier können ebenfalls schattenverträgliche Pflanzen angesiedelt werden. Nur bei der Auswahl der Gehölze ist Vorsicht geboten, weil manche Bäume nach einigen Jahren stattliche Größen erreichen.

Trockene Standorte
Trockene Standorte in Gärten werden an süd- bis südwestexponierten Hängen, bei entsprechend mageren Böden und einer fehlenden Beschattung durch Gehölze zu finden sein. Auch aufgelassene Weinberge, die weiter gärtnerisch genutzt werden sowie Gartenland auf armen Sandböden können sehr trocken sein. Solche Standorte bieten auf verschiedenste Art Lebensraum für Pflanzen und Tiere, z. B. Hautflügler und Heuschrecken. Außerdem

ist für sonnige, trockene Standorte eine Kombination verschiedenster Biotope denkbar. So können Steinhaufen und Mauern Unterschlupfmöglichkeiten für viele Insekten- und auch Wirbeltierarten bieten. Wichtig ist es, die Nahrungspflanzen der Schmetterlingsraupen zu erhalten und zu fördern.

Eine pflegearme Möglichkeit ist das Ansiedeln oder Wachsenlassen von Sträuchern, wie Rosen-Arten (*Rosa* spec.), Schlehen (*Prunus spinosa*), Weißdorn-Arten (*Crataegus* spec.). Etwas arbeitsintensiver ist das Terrassieren des Geländes. Dazu werden Mauern angelegt, die den Hang abstützen. Auf den Terrassen kann man Beerensträucher anpflanzen.
Wenn der Hang gehölzfrei bleiben soll, wird er ähnlich einer blumenreichen Wiese behandelt und muß ein gewisses Minimum an Pflege erhalten. Dazu gehört das Mähen der Fläche. Je nach Stärke des Aufwuchses wird einmal jährlich oder auf sehr trockenen nährstoffarmen Standorten alle zwei Jahre gemäht. Das Mähgut wird nach dem Ausfallen der Samen entfernt. Aufkommende Gehölze werden abgeschnitten oder ausgegraben. Einige einzeln stehende Büsche sind als Brutplatz für Singvögel sehr wertvoll.

Bauland
Wenn zur Bebauung mit Wohnhäusern vorgesehene Grundstücke eine reiche Biotopausstattung haben, ist es

Pflanzen trockener Standorte als Nahrungspflanzen für Schmetterlingsraupen (Auswahl)

Bläulinge (versch. Arten) (*Lycaenidae*)	Esparsette-Arten (*Onobrychis* spec.) Fetthenne-Arten (*Sedum* spec.) Gemeiner Hornklee (*Lotus corniculatus*) Ginster-Arten (*Genista* spec.) Hauhechel-Arten (*Ononis* spec.) Heidekraut (*Calluna vulgaris*) Kleiner Wiesenknopf (*Sanguisorba minor*) Kronwicken-Arten (*Coronilla* spec.) Steinklee-Arten (*Melilotus* spec.) Thymian-Arten (*Thymus* spec.)
Blutströpfchen (*Zygaenidae*)	Esparsette-Arten (*Onobrychis* spec.) Gemeiner Hornklee (*Lotus corniculatus*) Hufeisenklee (*Hippocrepis comosa*) Kleine Pimpinelle (*Pimpinella saxifraga*) Kronwicken-Arten (*Coronilla* spec.) Sand-Thymian (*Thymus serphyllum*)
Brombeerzipfelfalter (*Callophrys rubi*)	Ginster-Arten (*Genista* spec.)
Dickkopffalter (*Hesperiidae*)	Gemeiner Hornklee (*Lotus corniculatus*) Hufeisenklee (*Hippocrepis comosa*) Kleiner Wiesenknopf (*Sanguisorba minor*) Kronwicken-Arten (*Coronilla* spec.) Odermennig-Arten (*Agrimonia* spec.) Schwingel-Arten (*Festuca* spec.)
Feuriger Scheckenfalter (*Melitaea didyma*)	Leinkraut-Arten (*Linaria* spec.) Skabiosen-Flockenblume (*Centaurea scabiosa*)
Goldene Acht (*Colias hyale*)	Luzerne-Arten (*Medicago* spec.)
Großer Scheckenfalter (*Melitaea phoebe*)	Flockenblumen-Arten (*Centaurea* spec.)
Grünwidderchen (*Procris statices*)	Flockenblumen-Arten (*Centaurea* spec.) Kleiner Sauerampfer (*Rumex acetosella*) Sonnenröschen-Arten (*Helianthemum* spec.)
Kleiner Feuerfalter (*Lycaena phlaeas*)	Kleiner Sauerampfer (*Rumex acetosella*)
Kleiner Perlmutterfalter (*Issoria lathonia*)	Brombeer-Arten (*Rubus* spec.) Esparsette-Arten (*Onobrychis* spec.)
Perlgrasfalter (*Coenonympha arcania*)	Perlgras-Arten (*Melica* spec.) andere »Trockengräser«
Postillon (*Colias croceus*)	Gemeiner Hornklee (*Lotus corniculatus*) Luzerne-Arten (*Medicago* spec.)
Schlehenzipfelfalter (*Strymonidia spini*)	Kreuzdorn-Arten (*Rhamnus* spec.) Schlehe (*Prunus spinosa*)
Schwalbenschwanz (*Papilio machaon*)	Wilde Möhre (*Daucus carota*)
Senfweißling (*Leptidea sinapsis*)	Gemeiner Hornklee (*Lotus corniculatus*) Hasen-Klee (*Trifolium arvense*)

Vorschläge zur Gartengestaltung

Der Einsatz der Technik bei Baumaßnahmen sollte nicht zu Lasten der Natur gehen

Bei Baumaßnahmen werden Gehölze geschont

angeraten, die Baumaßnahmen nicht radikal durchzuführen. Das heißt, nicht zuerst Baufreiheit zu schaffen und nach Beendigung des Baues die von allen Biotopen »befreite« Fläche mit einem hohen Aufwand wieder naturnah zu gestalten. Es ist in den meisten Fällen viel einfacher, wenn nur ein entsprechendes (kleines) Umfeld für die Bauarbeiten benutzt wird und soweit wie möglich der übrige Bereich der Natur nicht erst genommen wird, um ihn später teuer und in viel schlechterer Qualität wieder zurückzugeben.

Ein schattiger Platz mit wasserdurchlässigem Untergrund ist ein geeigneter Standort für den Kompost

Kompost

Zu jedem naturnahen Nutzgarten gehört auch ein Kompost. Zuerst wird ein geeigneter Platz im Garten ausgesucht. Der Untergrund muß wasserdurchlässig sein. Regenwürmer und andere wichtige Tiere wie z. B. Springschwänze (*Collembola*), können so aus dem Erdreich in den Kompost hineinwandern.

Kompostbehälter oder Kompostmiete – beides hat Vor- und Nachteile

Keinesfalls darf eine Grube ausgehoben werden, die vielleicht auch noch betoniert ist oder mit Steinen ausgelegt wird. Die zur Verfügung stehende Fläche muß für zwei Kompostmieten ausreichen. Nachdem das Kompostsilo oder die Miete befüllt bzw. aufgesetzt ist, deckt man mit einer dickeren Schicht Gras ab. Der Rotteprozeß dauert ein halbes bis dreiviertel Jahr. In der Regel reicht es aus, jedes Jahr einen Kompost neu aufzubauen und den anderen ruhen zu lassen, so daß man mit

Der Kompost sollte an einem schattigen Plätzchen angelegt werden, um ihn im Sommer vor Austrocknung zu schützen.

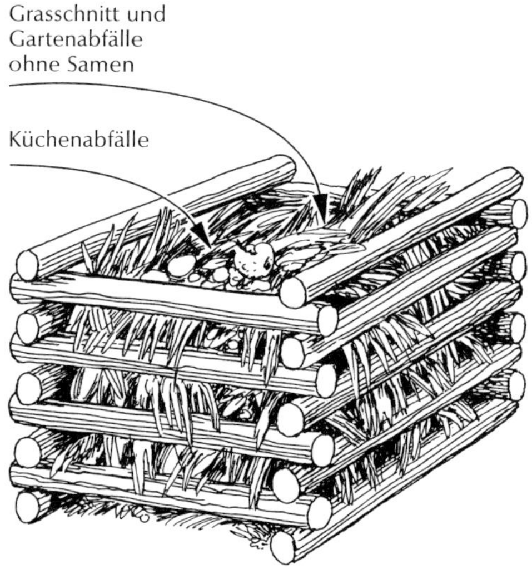

Sauberer Komposthaufen

2 Komposthaufen sehr gut auskommt. »Komposthygiene« bedeutet nicht, daß der Komposthaufen nicht riechen darf, denn das tut er ohnehin normalerweise nicht. Aber es dürfen nicht alle organischen Abfälle in unbegrenzter Menge kompostiert werden. Deshalb ist es günstig, zwei Kompostmieten anzulegen, eine für pflanzliches Material ohne Samen, ohne verholzte Pflanzenteile und für Küchenabfälle. Die Küchenabfälle sollten möglichst frei von Pestizidrückständen sein, d. h. Apfelsinenschalen oder Bananenschalen gehören nicht auf diesen Kompost. Der entstandene Humus des »sauberen Komposthaufens« wird als Dünger für die Gartenbeete verwendet. Ein weiterer Komposthaufenkreislauf, der hier als »unsauberer Kompost« bezeichnet wird, kann die im Garten anfallenden Wildkrautsamen, verholzten Pflanzenteile und Haushaltabfälle, die nicht auf dem sauberen Kompost verrotten sollen, aufnehmen. Dieser Kompost kann zur Düngung von Blumenbeeten oder als Mulchschicht unter Hecken gebracht werden. Durch die Trennung in zwei verschiedene Kreisläufe gelangen kaum Wildkrautsamen auf die Gemüsebeete, wo sie nur durch mühsames Jäten zu entfernen sind. Zwischen Gehölzen und Blumenstauden stören Wildkräuter weniger und müssen erst entfernt werden, wenn sie das Wachstum der Stauden behindern.

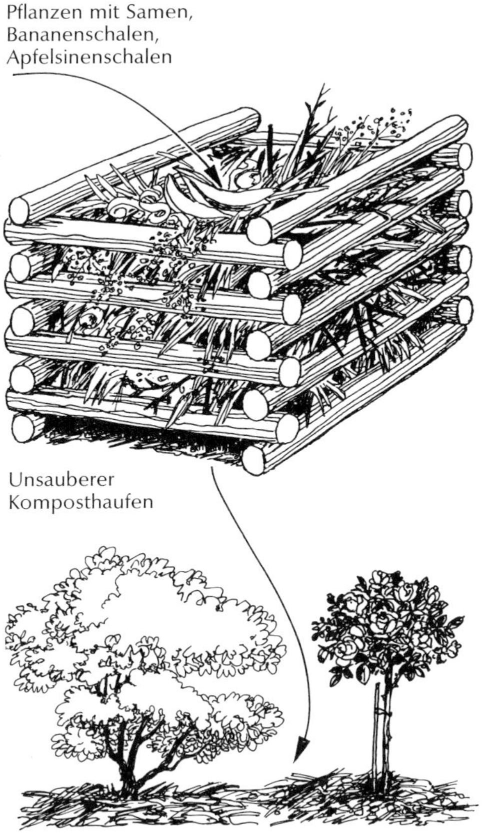

»unsauberen« Kompost als Mulch unter Hecken oder ins Blumenbeet

Zerkleinerter Baum- und Heckenschnitt, Stengel von Blumenstauden u. a. sorgen für lockere Schichtung und gute Durchlüftung.

Bei ausreichendem Platzangebot ist das Anlegen zwei getrennter Komposthaufen ratsam:

- **»sauberer« Kompost für Pflanzen ohne Samen und pestizidfreie Küchenabfälle**
- **»unsauberer« Kompost für Schalen von Südfrüchten, samentragende Wildkräuter, verfaulte Früchte, Speisereste u. a.**

Literaturverzeichnis

BENJES, H.: Die Vernetzung von Lebensräumen mit Feldhecken. Natur & Umwelt, 3. überarb. und erw. Aufl., Jehle München, 1991.

BOHN, U.; KRAUSE, A.: Gehölze in der Landschaft. Hrsg.: AID Bonn, AID Nr. 1039, 1989.

BOLLIGER, M.; ERBEN, M.; GRAU, J.; HEUBL, G. R.: Steinbachs Naturführer – Strauchgehölze. Hrsg.: G. Steinbach, Mosaik Verlag München, 1985.

BRUN, R.: Ökologischer Garten. fischer alternativ, Fischer Verlag Frankfurt a. M., 1981.

BUCH, W.: Der Regenwurm im Garten. Ulmer Verlag, Stuttgart, 1986.

ENDE, G.: Schutzpflanzungen im Agrarraum. Hrsg.: Sächs. Staatsmin. f. Landw., Ernähr. und Forsten; Sächs. Staatsmin. f. Umwelt und Landesentw., 1991.

GEPP, J. : Hecken für die Vielfalt. Natur und Land, Jg. 78, S.heft 6, Hrsg.: Österreichischer Naturschutzbund, Bubnik-Druck, 1992 a.

GEPP, J.: Naturgarten. Hrsg.: Österreichischer Naturschutzbund, Druckhaus Thalerhof, 1992 b.

GÜNTHER, H.: Klettergehölze. Landwirtschaftsverlag Berlin, 1987.

JEDICKE, E.: Biotopverbund: Grundlagen und Maßnahmen einer neuen Naturschutzstrategie. 2. Aufl., Ulmer Verlag, Stuttgart, 1993.

JOGER, H. G.: Die Mauer als Lebensraum für Tiere. Hrsg.: Landesanstalt für Ökologie, Landschaftsentwicklung und Forstplanung Nordrhein-Westfalen, Merkblätter zum Biotop- und Artenschutz Nr. 81, 1988.

KLAUSNITZER, B.; KLAUSNITZER, U.: Städtische Brachflächen – potentielle Naturschutzgebiete für Insekten? Ein Literaturüberblick. Geobot. Kolloq. 9: 31–44, 1993.

LAAS, H.: Ihr Gartenbiotop – Praktische Anleitung für die Gestaltung von Feucht- und Trokkengebieten. Pietsch Stuttgart, 1990.

LOHMANN, M.: Öko-Gärten als Lebensraum – Grundlagen und praktische Anleitung für einen Naturgarten. BLV-Verl.-ges. München, Wien, Zürich, 1983.

PLACHTER, H.; REICH, M.: Mauern und Zäune als Lebensräume für Tiere. Laufener Sem.beitr. 2/88, Akad. Natursch. Landschaftspfl.: 77–96, 1989.

PRETSCHER, P.: Kleingewässer schützen und schaffen. Hrsg.: AID Bonn, AID Nr. 1141, 1989.

ROTHMALER, W.: Exkursionsflora. Gefäßpflanzen, Bd. 2. Hrsg.: R. Schubert, K. Werner, H. Meusel; 8. Aufl., Verlag Volk und Wissen, Berlin, 1990.

SCHUPP, D.: Rasen und Wiesen. Hrsg.: Niedersächsisches Landesverwaltungsamt, Merkblatt Nr. 21, 1988.

SCHWARZ, U.: Der Naturgarten. Hrsg.: Stiftung World Wildlife Fund Schweiz für die natürliche Umwelt, Krüger Verlag, 1980.

STEINBACH, G.: Werkbuch Naturgarten. Franckh-Kosmos Verlag, Stuttgart, 1992.

WILKE, H.: Der Naturteich im Garten. Naturparadies mit heimischen Pflanzen und Tieren. 2. Aufl., Gräfe und Unzer, München, 1993.

WOLF, G.: Die Blumenwiese. Hrsg.: AID Bonn, AID Nr. 1155, 1989.

ZUCCHI, H.: Wiese: Plädoyer für einen bedrohten Lebensraum. O. Maier Verlag, Ravensburg, 1988.

Sachregister

Bezugsquellen

In Gartenfachmärkten, Baumschulen, Baumärkten und Gärtnereien sind die nötigen Materialien, Samen oder Pflanzen zu erhalten. Sie lassen sich auch über die nachfolgenden Bezugsquellen beschaffen. Die meisten angegebenen Firmen bieten informative Prospekte oder Kataloge an. Die Aufstellung möglicher Bezugsfirmen erhebt keinen Anspruch auf Vollständigkeit.

Alte Obstsorten

Baumschule Brenninger
Hofstarring 2
84439 Steinkirchen
Tel. 0 80 84 / 76 67

Baumschule Fritz Herr
Baumschulenweg 19–25
53340 Meckenheim
Tel. 0 22 25 / 9 20 80
Fax 0 22 25 / 1 58 84

Naturwuchs
Bardenhorst 15
33739 Bielefeld
Tel. 05 21 / 87 04 36
Fax 05 21 / 8 53 56

Niederadener Baumschulen
Im Dorf 23
44532 Lünen
Tel. 0 23 06 / 4 05 15 oder 4 33 60
Fax 0 23 06 / 4 86 39

Natursteine

»Ihr Gartenbau« M. Härtl
Eckhardsborn 2
34134 Kassel
Tel. 05 61 / 4 19 99
Fax 05 61 / 47 32 19

MÜLLER-NATURSTEINE GMBH
Bahnhofstraße 17
71139 Ehningen
Tel. 0 70 34 / 40 84
Fax 0 70 34 / 87 65

Natursteine Wittel
Gewerbegebiet Weiherrain
Haldschwärze 20
72131 Ofterdingen
Tel. 0 74 73 / 33 85
Fax 0 74 73 / 2 48 48

Samen für Blumenwiesen und Wildpflanzen

Blauetikett Bornträger GmbH
Postfach 21
67591 Offstein
Tel. 0 62 43 / 70 79, Fax 0 62 43 / 70 60

Carl Sperling & Co.
Postfach 2640
21316 Lüneburg
Tel. 0 41 31 / 3 01 70

Ernst Benary Samenzucht GmbH
Postfach 1127
34331 Hannoversch-Münden

»Ihr Gartenbau« M. Härtl
Eckhardsborn 2
34134 Kassel
Tel. 05 61 / 4 19 99, Fax 05 61 / 47 32 19

Julius Wagner GmbH
Eppelheimer Straße 18–20
69115 Heidelberg
Tel. 0 62 21 / 53 04-0, Fax 0 62 21 / 53 04 77

Karl-Otto Ulrich
Karl-Heinz Härtl
Schlierbacher Straße 60
37235 Hessisch-Lichtenau/Fürstenhagen
Tel. 0 56 02 / 35 11, Fax 05 61 / 47 32 19

Naturwuchs
Bardenhorst 15
33739 Bielefeld
Tel. 05 21 / 87 04 36, Fax 05 21 / 8 53 56

Samen Mauser Quedlinburg
Neuer Weg 21
06484 Quedlinburg
Tel. 0 39 40 / 90 40

Wildpflanzengärtnerei
Hof Berg Garten
Lindenweg 17
79737 Herrischried
Tel. 0 77 64 / 2 39, Fax 0 77 64 / 2 15

Wasserpflanzen und Teichbaumaterial

Aquaplan
Held GmbH
Gottlieb-Daimler-Straße 5–7
75050 Gemmingen
Tel. 0 72 67 / 3 66, Fax 0 72 67 / 6 06

E. Schimana
Rieser Staudenkulturen und Wassergärten
Waldstraße 21
86738 Deiningen
Tel. 0 90 81 / 39 13, Fax 0 90 81 / 2 32 13

Ewald Dörken AG
Wetterstraße 58
58313 Herdecke
Tel. 0 23 30 / 63-1, Fax 0 23 30 / 63-3 55

re natur GmbH
Charles-Roß-Weg 24
24601 Ruhwinkel
Tel. 0 43 23 / 60 01, Fax 0 43 23 / 72 43

Vitakraft-Werke
Wührmann & Sohn
Postfach 450155
28295 Bremen

Wildgehölze

Naturwuchs
Bardenhorst 15
33739 Bielefeld
Tel. 05 21 / 87 04 36, Fax 05 21 / 8 53 56

Naturwuchs GmbH
Am Römerstein 48
82205 Gilching
Tel. 0 81 05 / 54 33

M. Köhler
Finkenweg 50
64832 Babenhausen